LA SINIESTRA TRIPLE A

Antesala del
Infierno en la Argentina

Gabriel Glasman

LA SINIESTRA TRIPLE A

Antesala del
Infierno en la Argentina

CONJURAS

L.D. Books
México ♦ Miami ♦ Buenos Aires

La siniestra Triple A
© Gabriel Glasman, 2009

L.D. Books

D. R. © Editorial Lectorum, S. A. de C. V., 2009
Centeno 79-A, col. Granjas Esmeralda
C. P. 09810, México, D. F.
Tel. 5581 3202
www.lectorum.com.mx
ventas@lectorum.com.mx

L. D. Books Inc.
Miami, Florida
sales@ldbooks.com

Lectorum S. A.
Buenos Aires, Argentina
ventas@lectorum-ugerman.com.ar

Primera edición: noviembre de 2009
ISBN: 978-1505-828221

D. R. © Portada: Victoria Burghi
D. R. © Fotos de portada: Revista *Todo es Historia*

Impreso y encuadernado en México.
Printed and bound in Mexico.

Introducción

Tan fulgurante como estremecedora, la vida de José López Rega (1916-1989), más conocido como "el Brujo", tal como fuera bautizado popularmente, marcará trágicamente uno de los periodos más intensos de la vida política de la Argentina contemporánea. Episodios del ámbito personal de este personaje, como así también del universo cultural y político del país en el que se desenvolverá y del que debidamente iremos dando cuenta, conducirán a la constitución y actuación de una personalidad oscura, conspirativa y ambiciosa, la que, merced a sus particulares capacidades de manipulación y arribismo, llegará a alcanzar el poder político nacional con un manifiesto dominio sobre la vida y la muerte de vastos sectores de la población.

Si bien el protagonismo pleno de José López Rega en la política argentina apenas va a extenderse entre los años 1973 y 1975, su historia conocerá particulares pasos previos, en los que va a destacar como un persistente merodeador alrededor de una de las figuras de mayor relevancia en la historia contemporánea de Latinoamérica: la del general Juan Domingo Perón, por entonces recluido en su exilio madrileño, y de quien López Rega será un eficiente asistente desde los principios de la década de 1960 hasta su muerte, en julio de 1974.

Durante todo ese periodo, López Rega va a cultivar una especial relación con el viejo conductor político de los argentinos y con su tercera esposa, María Estela Martínez, "Isabelita", sobre la que va a influir de manera decisiva.

Ninguno de los tantísimos visitantes que acudirán a la residencia de Perón en su exilio madrileño podrá imaginar siquiera, que aquel hombrecito que gustaba lustrar los zapatos del general y seguirlo a todas partes con postura servil se convertirá, tan sólo unos pocos años después, en un macabro centro de poder cuando organice y ponga en actividad la Alianza Anticomunista Argentina, la Triple A, una banda parapolicial que emprenderá una auténtica cruzada contra todo rastro de cuestionamiento a la línea de la extrema derecha peronista.

Los interrogantes caen de maduros: ¿qué fuerzas operaron para que un sujeto de sus características, completamente ajeno a las estructuras y tradiciones políticas del país, se convirtiera virtualmente en el amo y señor de la vida en la Argentina? ¿Cuánto incidió en ello (y esto devana sesos, aviva dolores y decepciones, y aun divide aguas) la voluntad del propio Perón? ¿Qué sostenes políticos y financieros lo prohijaron? ¿Cuáles fueron sus objetivos y a quiénes beneficiaría su accionar? ¿Fue un instrumento salido de control o, por el contrario, una fuerza desatada oportuna y estratégicamente meditada? ¿O acaso una curiosa y dramática combinación de varios de estos presupuestos?

El hombre mediocre

De origen social humilde, José López Rega pasará la mayor parte de su vida sin conocer el gozo de mayores realizaciones individuales, tanto en lo que concierne a su vida afectiva como a la ocupacional. De hecho, cuando rondaba los cincuenta años, apenas si exhibía un matrimonio que todos los testimonios caracterizarán de poco feliz, sólo agraciado por la llegada de la primogénita, Norma Beatriz. Tampoco su foja laboral había sido coronada por el éxito; se había jubilado de la Policía Federal, institución en la que no había podido escalar más allá del grado de sargento primero, según algunas fuentes, aunque otras le atribuyen como máximo galardón haber alcanzado el grado de cabo. Por entonces, seguramente lo que más apreciaba de su existencia, y le brindaba cierto nivel de autoestima, era la inclinación por los saberes y las prácticas esotéricas, que abrazaría desde muchacho y consolidaría sin pausas a través de sistematizadas lecturas y relaciones con practicantes de diversos ritos.

Valoradas por López Rega como constitutivas de los seres humanos espiritualmente elevados, las experiencias místicas del agente policial tendrán múltiples inspiraciones y transitarán por caminos diversos, aunque todos ellos de no muy fiables fuentes. No obstante, serán suficientemente importantes para establecer en él la portación de un supuesto mandato divino y la consecuente necesidad de transmitirlo a sus potenciales seguidores. El resultado de semejante aspiración será una producción "literaria" bastante prolífica, aunque mediocre, y si bien ello no le alcanzará para situarse en el curioso universo espiritual como un guía de reconocida influencia, le permitirá en cambio –azar mediante– una serie de conexiones con el mundo de la política, que sabrá explotar para su beneficio económico y promoción social.

Así las cosas, en los primeros y prometedores años de la década del sesenta, el ex agente de policía José López Rega entrelazará su futuro con el de Isabel Martínez, una pieza que las contingencias de la singular política argentina catapultará a un plano de relevancia en las estrategias que Perón va a pergeñar para restablecerse en la presidencia que le habían arrebatado en 1955. Pronto se verá hasta dónde la falta de preparación de la mujer de Perón constituirá un auténtico campo de cultivo para la aparición de nuestro personaje.

A partir de entonces, la carrera de López Rega será meteórica, rondando la intimidad del matrimonio Perón, haciendo las veces de mayordomo del viejo líder, por un lado, y de guía espiritual de Isabel, por el otro. En la primera de las funciones, nada lo detendrá ni amilanará, ni siquiera los mayores desprecios que el mismo general y buena parte de sus allegados le dispensarán con llamativa asiduidad, todos ellos burlones con las actitudes ostensiblemente serviles del policía jubilado. En cuanto a la segunda de sus atribuciones (guía espiritual de Isabel), tampoco tendrá límites, y sus intentos se verán rápidamente coronados por el éxito, conquistando las preferencias de aquella menguada mujer que pasará a considerarlo un auténtico maestro.

De esta manera, y combinando pacientemente ambos roles, José López Rega, aquel muchacho de barrio de ojos azules que apenas había accedido a una incompleta educación primaria pero que se las había arreglado para establecer sólidas relaciones con logias esotéricas y masónicas, construiría un poder dentro del mismo coloso del poder peronista, primero compartiendo el exilio con el viejo líder y su esposa, y luego siendo parte él mismo de los sucesivos gabinetes de los gobiernos de ese signo, que volvían a alumbrar tras diecisiete años de proscripción partidaria.

Será en esos años, desde su entronización como ministro de Bienestar Social por orden misma del general Perón, que López Rega va a conformar y liderar la Triple A.

La aparición de una agrupación declaradamente de derechas, nacionalista y enfáticamente anticomunista, no era, ciertamente, un acontecimiento inédito en la historia del país.

Violencia en la Argentina

Históricamente, las clases dirigentes locales habían recurrido a la violencia oficial del Estado para defender sus privilegios, pero cuando ésta se mostró insuficiente para enfrentar a los enemigos, no titubearon en organizar una violencia clandestina o semiclandestina que no ahorrara balas, bombas y palizas para lograr sus objetivos.

En los años 20 del siglo pasado había cumplido ese rol la llamada Liga Patriótica y, posteriormente, cuando la oposición al peronismo gobernante de los años 50 se sintió lo suficientemente fuerte, hicieron lo propio los Comandos Civiles, quienes también actuaron a través de actos de sabotaje y terrorismo. Por supuesto, estas organizaciones mantuvieron notorias diferencias entre sí y ambas con la Triple A, pero también las ligaba una coincidencia básica y fundamental: la utilización del terror y el apañamiento del poder del Estado o de algunas de sus estructuras para realizar sus crímenes. También las aglutinará una misma identificación ideológica que, genéricamente "antirroja", se extenderá horizontalmente cubriendo un arco que abarcará desde los grupos más radicales de la izquierda hasta el reformismo socialista, incluyendo el conjunto del progresismo y democratismo burgués.

Desde este punto de vista, la Liga Patriótica y los Comandos Civiles constituyen antecedentes asimilables a la Triple A, con indudables similitudes en el ámbito de los objetivos y las actuaciones, y sobre todo, marcando una continuidad histórica imposible de negar.

Por lo pronto, señalemos que como principal inspirador de la Triple A, José López Rega buscará apuntalar al sector de derecha que pretendía hegemonizar el tercer y último gobierno de Juan Domingo Perón, en un marco particularmente complejo. Por entonces, la sociedad argentina se hallaba inmersa en un enfrentamiento abierto y de una violencia exponencial creciente contra los sectores populares y de izquierda del propio peronismo y del conjunto del arco social, cultural y político del país que, cada vez más osadamente, cuestionaba el curso que a su tercer gobierno le daba el viejo general.

En este escenario, utilizando las estructuras y móviles del Estado, fondos de obras públicas que desviaba de manera fraudulenta, equipos de comunicación de altísima calidad, armas de sobrado poder de fuego y una pléyade de personajes policiales y civiles caracterizados por su instintiva violencia y corruptela, el otrora agente de la Policía Federal pondrá en pie una banda delictiva que masacrará a varios cientos de activistas obreros, estudiantiles y barriales, como así también de los ámbitos más dispares, desde el mundo de la cultura hasta del de la religión.

En efecto, la lista de víctimas de la Alianza Anticomunista Argentina se nutrirá con militantes y figuras emblemáticas de la llamada "subversión apátrida" y la "sinarquía internacional", eufemismos que la organización paramilitar utilizará para señalar a los militantes populares que caerán asesinados por sus comandos. Entre ellos destacarán el diputado nacional y jurista Rodolfo Ortega Peña, el profesor Silvio Frondizi, el ex jefe policial y sobreviviente de los fusilamientos de José León Suárez, en 1956 (tras el golpe militar contra el primer gobierno de Perón), Julio Troxler, y el ex vicegobernador de la industrial y combativa provincia de Córdoba, Atilio López.

En sólo poco más de dos años, la Triple A dejará un tendal calculado de entre 1 500 y 2 000 asesinados, una cifra igualmente extensa de heridos y cientos de locales ametrallados y dinamitados. Sin lugar a dudas, su violencia impune presagiaría los

GABRIEL GLASMAN

fatídicos años que el autodenominado Proceso de Reorganización Nacional ensayaría a partir del 24 de marzo de 1976. De algún modo, aquella organización fue la antesala del infernal matadero militar, uno de los más sangrientos de toda la América Latina, cuya historia no estuvo precisamente exenta de dictaduras y matanzas.

Preguntas dolorosas

Sobre algunos cuestionamientos debemos volver una y otra vez. ¿Hasta dónde es pensable que el poder creado y desatado por López Rega pudo crecer y establecerse por puro "mérito" propio? La cuestión reviste no sólo interés desde el punto de vista historiográfico, sino particularmente político y jurídico, en especial por el amplísimo abanico de redes de complicidad social, económica y política que semejante puesta en escena debió implicar. Por supuesto, en este montaje va a tener también su rol destacado, por acción directa, indirecta o sencillamente por un silencio cómplice, la participación de las Fuerzas Armadas, de seguridad, de la justicia y de los medios de comunicación, cuestiones todas que analizaremos a lo largo de nuestro trabajo.

Planteado de otra manera, no quedan dudas de que fueron López Rega y un reducido grupo de sus colaboradores quienes pusieron en marcha la Triple A, pero tampoco de que semejante organización pudiera prosperar sin la complicidad de algunas de las máximas figuras políticas de entonces, empezando (para decepción de varias generaciones) por el mismísimo Juan Domingo Perón.

El escritor José Pablo Feinmann señalará al respecto, no sin cierto pesar:

"Sin embargo, tendencias que se exacerbaron luego de su muerte aparecieron en el gobierno de Perón y contaron con su respaldo. Porque López Rega contó con su respaldo. [...] Además, Perón sabía. Y ésta es la sombra que nos duele ver proyectarse sobre su imagen final, la sombra que debió evitar y a la que su pragmatismo lo condenó. La sombra de López Rega. Perón sabía que López quería armar los escuadrones de la muerte. Y más aun: esos escuadrones actuaron durante su vida".

La participación de Perón en la constitución de la Triple A se ha convertido en uno de los temas tabú de la cultura política argentina. Pero es indudable que la cuestión tiene raíces que no pueden ser banalizadas.

En primer lugar, es de destacar que la relación entre la Triple A y Perón queda abonada por algunas declaraciones políticas del viejo líder –bastante frecuentes, por cierto– acerca de la necesidad de disciplinar a los "descarriados" peronistas de izquierda por "todos los medios posibles". No pocos son los testimonios que recuerdan las apelaciones del general acerca de la necesidad de contar con un Somatén para combatir a la izquierda partidaria, haciendo una directa referencia a los cuerpos parapoliciales que el falangista Primo de Rivera creara en Cataluña, para enfrentar y someter a la protesta anarquista y comunista que tanto crispaba sus nervios. También son registrables las declaraciones de Perón acerca de la característica parasitaria y contagiosa de los sectores de la juventud peronista –a quienes terminará acusando, sin medias tintas, de "infiltrados" de izquierda–, a la vez que reivindicará a los sectores más reaccionarios de la burocracia sindical y del partido, alentando el desarrollo de los "anticuerpos" necesarios para combatir la "infección".

Todos estos elementos –a los que se le suman, por ejemplo, la restitución en sus puestos de policías exonerados de la fuerza por actos de corrupción y que luego fungirán como jefes de la Triple A– constituyen por lo menos una legitimación clara y abierta de lo que sería el accionar de la banda terrorista, sin que por ello existiera, necesariamente, una orden directa del propio Perón para crearla. De alguna manera, puede interpretarse, ésta no era indispensable. Para sus organizadores bien podía tratarse de operar lo que interpretaban como necesario para el viejo líder, pero que a él le estaba vedado crear desde la legalidad institucional.

Visiones consoladoras

No todas las evaluaciones son coincidentes. Para otros, la llamada "teoría del entorno" o del "cerco" constituirá la piedra angular de la cuestión. Para ellos, un grupo de fascistas comandados por López Rega amuralló al viejo líder, manteniéndolo aislado de sus bases populares, mientras le imponía una lectura de la realidad nacional acomodada a sus reaccionarios intereses sectoriales. La amada figura del viejo zorro de la política argentina quedaría así preservada, y los dolores de toda una joven generación (y las de sus padres y abuelos) ante una traición desde arriba hallarían algún atenuante y consuelo.

Esta "teoría del entorno" no podrá contestar, sin embargo, cómo un hombre de la talla de López Rega pudo alcanzar el poder que tuvo ,sin que en ello mediara la decisión consciente de un estratega de la experiencia del propio Perón. También han sido grandes los esfuerzos de quienes desean presentar a la Triple A como operando inmediatamente después de la muerte del general Perón, una manera más de desvincular al presidente de la banda criminal. De todos modos, su éxito será escaso, en tanto la primera denuncia contra la organización va a datar de octubre de 1973 —Perón morirá a mediados del año siguiente—, cuando el por entonces senador radical Hipólito Solari Yrigoyen sufrió un atentado explosivo en su automóvil, quedando seriamente herido en las piernas. Para peor, entre la aparición pública de la Triple A y la desaparición física de Perón se sucederían decenas de acciones violentas contra militantes populares y contra los edificios de sus organizaciones, todas ellas llevando como signo el característico y distintivo de la Triple A, y muchas de ellas, incluso, autoadjudicadas.

Una herida sin cerrar

De lo que no queda ninguna duda es de que la emergencia de la organización se dio en un marco de enorme conflictividad política y social, que jaqueaba al gobierno de Perón, y cuya complejidad llevaría al presidente a demarcar con inequívoca dirección derechista el timón de la vida argentina.

La suerte de López Rega quedaría completamente signada por el devenir de la situación política nacional, y muy especialmente tras la muerte de Perón, cuando Isabel, su sucesora, iba a mostrar todas las incapacidades imaginables, y otras que ni el mismísimo y también limitado nigromante podía conjurar. Muerto el caudillo indiscutido, la lucha política interna dentro del peronismo ya no guardaría siquiera las formas y se develaría más descarnada que nunca. El terror y la impunidad serían entonces moneda corriente.

En ese escenario, cuando otros factores de poder se movilizarían contra la marcha del gobierno encabezado por Isabel y su "guía" López Rega, la crisis se precipitaría hacia el abismo: "el Brujo" caería desde lo alto y ya no podría recuperar terreno. Es que el terror que aquél había desencadenado había puesto también en riesgo la gobernabilidad y, por lo tanto, los intereses políticos y económicos en juego, sobre todo porque no garantizaba en el corto plazo terminar con una creciente acción de corte revolucionario que amenazaba desembocar en impensables consecuencias. Para las clases dirigentes eran tiempos que requerían otro tipo de intervención y estrategias a largo plazo. No resultaba extraño que por entonces comenzara a prefigurarse un futuro golpe de Estado.

Una vez caído en desgracia, comenzará para López Rega un largo peregrinar ocultándose y huyendo de la justicia argentina, para residir clandestinamente en los Estados Unidos y Europa.

Para entonces, comenzará a develarse el entramado clandestino de su engendro, la Triple A, aunque la emergencia de la dictadura militar establecida en marzo de 1976 (que, por cierto, aprovechó experiencias e individuos de ese grupo armado) interrumpirá cualquier actuación de la justicia.

Recién con el advenimiento de una nueva etapa institucional y la multiplicación de causas referentes al terrorismo de Estado, el interés por el accionar de la Triple A va a tomar un nuevo y notorio impulso. De hecho, la apertura de una causa que investigaba sus crímenes alcanzó para hacer detener a su máximo inspirador, José López Rega, aunque éste llegara a morir sin haber sido condenado por los cientos de crímenes de los que fue, sin dudas, el principal responsable.

Aun hoy, a más de treinta años del inicio de su temible accionar, la sociedad argentina aguarda que la justicia institucional cumpla resueltamente su misión, esclareciendo por completo las actividades de la más siniestra organización clandestina de la historia argentina y condene sus mentores ideológicos y ejecutores operativos.

Ésta es, entonces, la historia de una etapa de violencia que prefiguró una mayor, lo que lejos de empequeñecerla la agrava como antecedente, como una deforme excrecencia nacida dentro de un gobierno constitucional y dentro de un movimiento, el peronista, que concitó la adhesión y la esperanza de millones de seres, algunos de los cuales cayeron bajo las balas de sus supuestos salvadores.

Capítulo 1
DE POLICÍA A GUÍA ESPIRITUAL

"Los hombres comunes se empeñan por ser SOLES, ignorando
que todo es un reflejo del espejuelo de su vivencia real.
Los hombres grandes no miran los reflejos, porque
están ocupados en alimentar sus propios soles,
para cumplir la tarea de iluminar al hombre común."

Correspondencia de José López Rega a Perón,
mayo 31 de 1966

Como si se tratara de un mandato fatal, la vida de José López Rega
se iniciará estrechamente ligada a la muerte. Su madre, Rosa Rega,
dejará el mundo al momento de parir a su hijo, justamente un 17 de
octubre de 1916. Los afectos a las revelaciones sorprendentes bien
pueden hallar en la fecha de nacimiento de José otro signo de valor:
ese mismo día, casi tres décadas más tarde, se producirá otro alumbramiento, el del peronismo, el mayor movimiento de masas que
haya conocido la Argentina en su historia.

El padre, Juan López, deberá arreglárselas para encarar la
vida con su primogénito a cuestas y una viudez sorpresiva,
dependiendo de un único y módico ingreso salarial trabajosa-
mente alcanzado mientras conduce un taxi.

Marcelo Larraquy, uno de los más documentados biógrafos de
López Rega, ubica al futuro "brujo" pasando sus primeros años en
la casa familiar del barrio porteño de Villa Urquiza, donde también iniciará su instrucción primaria en el colegio José Félix de
Azara. Algunas fuentes indican que el niño interrumpió su esco-
laridad en el cuarto grado; desde entonces, sus pequeños brazos
debieron aportar sus esfuerzos para mantener el hogar.

El pequeño núcleo familiar se mantendrá no sin ciertas dificultades, las que aumentarán aún más cuando el padre de José vea
agravarse su salud por una progresiva diabetes. La enfermedad deri-
vará en una crisis que incluirá la amputación de una de sus piernas,
dejándolo con la consecuente limitación física y sin chances de continuar trabajando. Los problemas de dinero, pues, se agravarán.

La casa familiar graficaba la precariedad económica que
atravesaban. Según Santiago Pinetta, la misma era "un oscuro y

modesto departamento de planta baja, con salida a un interminable pasillo: el tipo de vivienda que significaba un escalón superior al de los inquilinatos". Por supuesto, este "escalón superior" no le quitaba un ápice su carácter extremadamente humilde, que en los siguientes años no variará.

El diverso derrotero laboral de José mostrará de alguna manera la búsqueda de una mejora económica que, en lo inmediato, no llegará. Ya convertido en un muchacho, intentará progresar como jugador de fútbol en el club River Plate, pero como sus éxitos no fueron demasiados, a los veinte años había dado por concluida su vida deportiva. Tampoco había logrado sobresalir en otros campos y apenas si transitará esforzadamente por empleos no muy calificados. Incluso, ensayará suerte como artesano de accesorios para mujer, que ofrecerá en su barrio y en algunos negocios, pero los éxitos no serán los esperados. En lo que sí se destacará por entonces será por su carácter reservado y una clara inclinación introspectiva, una especie de señal temprana de lo que posteriormente va a convertirse en su característica central. Larraquy señala que en aquellos años:

"Prefería volver a su casa y encerrarse a leer. Tenía una biblioteca que cubría toda una pared. En su máquina de escribir, con sólo los dos dedos ágiles de cada mano, tipiaba en largas cuartillas de papel sus reflexiones sobre los mundos espirituales".

La inclinación del joven por lo esotérico no era menor. Así, pasaría largas horas entre reflexiones y búsquedas espirituales. Los testimonios coinciden en señalar sólo una atracción que podía interrumpir cada tanto sus particulares sesiones: el canto, que se revelaría como su otra gran pasión.

El policía cantor

El mundo del canto sería una conmovedora compensación para José, y si bien tenía preferencia hacia la lírica, no renunciaría a emprenderla con tangos, boleros y otros géneros musicales que los concurrentes a un club local, El Tábano, le pedían que interpretara, mientras algunos habilidosos hacían gala de sus giros en la pista de baile. Según J. C. Cernadas Lamadrid y Ricardo Halac:

"Se cuenta también que gusta de alquilar trajes de tenor y, así ataviado, reúne los sábados a sus amigos y les canta arias de diversas óperas".

En curiosa amalgama, José alternará la meditación solitaria con la sociabilidad barrial, música mediante; es probable que esta última actividad le confiriera cierto entrenamiento en lo que será uno de sus soportes principales de escalamiento social: las relaciones públicas.

La vida del ya muchacho va a transcurrir por estos carriles hasta que por fin llegará el amor de la mano de Josefa Maseda, una muchacha dos años menor que él y hermana de su gran amigo de entonces. La relación progresará lo suficiente para pensar en establecer su propia familia, y el 19 de junio de 1943 la pareja se unirá en matrimonio. José tenía veintisiete años.

Como es de imaginar, la vida conyugal va a entrañar una responsabilidad económica que los magros ingresos del joven no lograrán satisfacer enteramente. Si bien por el momento van a mudarse a la casa del padre de José, muy pronto se hará necesaria una entrada de dinero mayor y constante.

La oportunidad se presentará poco después, cuando acuerda con sus dos concuñados incorporarse a las filas de la Policía Federal Argentina. Esta institución no le exigía requisito o habilidad alguna que no pudiera acreditar, y a cambio le garantizaba un ingreso fijo.

Así las cosas, López inició su carrera policial a fines de 1944 en la seccional 37ª, situada bastante cerca de su hogar, cumpliendo por el momento sólo tareas administrativas. La ficha personal del nuevo agente señalaría que, por entonces, el novato medía un metro sesenta y siete centímetros de altura y su peso era de sesenta y seis kilos. La ficha también iba a destacar luego que el agente era disciplinado y que lograría buenas calificaciones como tirador.

El cantor aficionado no dejaba de templar su garganta, pero pertenecer a la Policía Federal tenía sus beneficios extra, y el recientemente incorporado agente no tardaría en conocerlos. No se trataba de grandes ingresos secundarios, pero como modesto plus salarial, el joven se iba a asegurar una asignación extra en mercaderías que, como solía hacerse popularmente, los comerciantes y feriantes del barrio otorgaban a los uniformados conocidos. Para su nada holgada vida económica, este complemento le resultaría un aporte invalorable.

Años históricos

Corrían por entonces tiempos de grandes cambios en la vida política y social argentina.

De hecho, para cuando José López festejaba su cumpleaños número veintinueve, Juan Domingo Perón hacía su fulgurante y definitivo emplazamiento en la cultura y el sentir popular del país.

Nacido en la provincia de Buenos Aires en 1895, Perón era un joven militar argentino, funcionario en el gobierno *de facto* del general Pedro Pablo Ramírez. Había empezado a destacarse por su eficiente labor en el Departamento Nacional del Trabajo, dependencia secundaria que aún no tenía rango ministerial, pero que Perón volvió de gran importancia. Desde allí implementó medidas que promocionaron a la clase obrera, habitualmente explotada por sucesivos gobiernos conservadores. No pocos sectores vieron con desagrado su ascendente carrera; entonces fue destituido y encarcelado en la isla Martín García, ubicada en medio del ancho Río de la Plata. Pero debió ser liberado tras una enorme movilización obrera que colmó la céntrica Plaza de Mayo el 17 de octubre de 1945.

Una nueva realidad irrumpía en la Argentina. Los obreros tuvieron desde entonces voz y voto y, con aplastantes triunfos electorales, llevarían a Perón dos veces consecutivas a la presidencia de la Nación para los periodos de 1946 a 1952 y de 1952 a 1958.

Pero antes de terminar el segundo, en septiembre de 1955, un golpe militar lo derrocó y el líder se vio obligado a partir al exilio, desde donde haría un regreso triunfal como nuevo presidente para el periodo 1973-1979. Las organizaciones armadas de la

Juventud Peronista, con un sesgo izquierdista que le atribuían al caudillo, sin que éste (que se las arreglaba para no contradecirlas) en realidad lo tuviera, habían hecho no poco para facilitar ese retorno, forzando a una nueva dictadura militar a que abriera el camino de las urnas. Perón asumió en medio de luchas entre las facciones revolucionarias y las sindicales y derechistas de su partido. Pero el debilitado líder falleció antes de terminar su tercer mandato, en 1974. Fue sucedido por su entonces esposa, María Estela Martínez, que lo había acompañado en la fórmula presidencial, y que delegaría prácticamente todo su poder en "el Brujo".

Pero en los años que ahora nos importan, los de la juventud de López Rega, vivía aún la primera esposa del general, Eva Perón. Eran años exultantes; los obreros adoraban al matrimonio y se veían colmados de concesiones y una legislación que cada vez los beneficiaba más ampliamente. El país se industrializaba y se daba el lujo de hacer desplantes a los Estados Unidos, a la Iglesia y a la otrora todopoderosa Sociedad Rural Argentina.

También el joven agente policial, aunque aún no lo sabía, comenzaba una era que habría de tenerlo como uno de sus protagonistas más importantes. En aquellos días, la política no constituía una preocupación central en su vida, aunque se sabe que tenía cierta participación y genuino interés como miembro del Partido Laborista (base inicial de Perón) y como un vecino interesado en la suerte de su barriada. Santiago Pinetta señala:

"El humilde agente policial de aquellos días, según su propia versión –repetida machaconamente–, se hizo peronista y afirmaba a quienes le escuchaban: 'Desde el 17 de octubre quise estar junto a Perón'".

Es probable que semejante declaración no fuera sino un intento de situarse como "un peronista de la primera hora", un bien bastante apreciado para estar cerca del propio Perón. Por lo pronto, lo documentable es que cuando la Argentina ingresaba en el proceso que transformaría por completo la política nacional, él apenas era un modesto agente de policía con algunas inquietudes espirituales, culturales y políticas más o menos dispersas. Pero todo cambiará cinco años más tarde.

En abril de 1950, José López comenzará a desempeñarse en un nuevo destino policial: el Palacio Unzué, que por entonces constituía la mansión presidencial en la Capital Federal. Las crónicas periodísticas de entonces destacaban que, por aquellos años, la pareja presidencial de Juan Perón y su compañera Evita gustaba pasar su tiempo en aquella lujosa residencia y que sólo en algunas oportunidades descansaba en la finca de Olivos, en la provincia de Buenos Aires.

Sueños de grandeza

Situado en el distinguido barrio de la Recoleta, el afrancesado Palacio Unzué tenía varios accesos que debían ser custodiados celosamente. José recibiría la orden de abandonar sus tareas administrativas para ocuparse de uno de ellos.

Por el momento, sería lo más cercano que podría estar de Perón, a quien ocasionalmente veía desde lejos. Sin embargo, el nuevo destino debió haberlo inflamado de alegría. La cercanía de Perón tenía por entonces una importancia crucial para el muchacho, quien mediante sus incursiones espirituales comenzaba a creerse portador de una misión que ansiaba transmitir a los "grandes hombres". Por lo menos, ahora estaba a unos pocos pasos de uno de ellos, y seguramente entonces comenzó a planear cómo acercarse aún más.

El trabajo en el palacio va a encontrar a López sin el habitual uniforme policial, que reemplazará por un sobrio y no demasiado costoso traje, bajo cuyo saco ocultaba el arma reglamentaria. Su labor no parece haber sido demasiado ardua. Según Pinetta:

"El sector de la guardia policial, en [la calle] Agüero, contaba con una puerta para la recepción de visitas y comodidades para recepción y espera. Por aquellos años era habitual ver, diariamente, un desfile interminable de peticionantes de toda laya. Desde mujeres muy humildes, seguidas por sus hijos, hasta chicos solos en procura de una bicicleta o algún regalo del general. La norma impuesta por Eva Perón consistía en que se debía atender muy bien a todo el mundo y anotar los pedidos, que generosamente eran satisfechos con prontitud".

Este escenario va a permitirle a José algunos beneficios extra, los que sabrá obtener gracias a su sobrada atención para divisar oportunidades y sus reflejos para no dejarlas pasar. Pinetta señala que con el tiempo, el joven agente:

"...exhibirá la habilidad necesaria para crear un sistema de intercepción para las visitas importantes, ya que seguramente 'conocer' aunque fuera superficialmente el entorno presidencial, algún día podría acercarlo verdaderamente al líder de los trabajadores".

Todos los testimonios concuerdan en que, por entonces, López cultivaba una auténtica obsesión por consolidar un lugar de importancia en su trabajo mediante una delicada y pertinaz tarea de acopio de datos sobre los visitantes habituales; y de a poco, atesoraba la experiencia de manejarse con ellos. Esta actividad iba a depararle décadas más tarde varias satisfacciones, y es probable que, al disfrutar los beneficios, López recordara aquellos primeros tanteos y años de acopio de saludos y datos. Por lo pronto, trabajando en el capitalino palacio presidencial al menos tenía ventajas de carácter material.

Larraquy va a señalar, por ejemplo, cómo López utilizaría la visita del recitador gauchesco Jorge Lanza, famoso entonces, a quien él rápidamente le facilitó el acceso a Evita. El favorecido dio la esperada recompensa, que no era sino una recomendación para José María Villone, director de Radio Mitre, con quien López no tardaría en reunirse para obtener extraordinarios resultados. Señala Larraquy:

"En agosto de 1951, López ya cantaba en 'La matinée de Luis Solá... El programa rebasaba de cómicos, recitadores criollos y conjuntos de guitarra, todos artistas de sobrada popularidad".

Imprevistamente, la vida parecía comenzar a sonreírle con énfasis. También ya por entonces había nacido su hija Norma Beatriz. En aquellos primeros años de la década del 50, algunas de sus cosas parecían tomar la buena senda, y mucho tendría que ver con ello la relación con Villone, un curioso personaje que venía revistiendo desde hacía años en las filas de la masonería local. Villone y López no tardaron demasiado tiempo en hallar coincidentes inquietudes espirituales que se solidificarán aún más a partir de que el primero le presentará a quien consideraba una auténtica guía espiritual: Victoria Montero.

Cerca de la luz

Victoria Montero tenía asentados sus reales en la ciudad correntina de Paso de los Libres, luego de haber completado un no muy extenso peregrinar que la habría de llevar desde su España natal hasta la Argentina, luego al Brasil y nuevamente a la Argentina, a la mencionada provincia de Corrientes.

Durante todos esos años, la mujer fue adentrándose cada vez más en los misterios del espíritu, en rituales antiguos y magias de diverso origen, todo ello combinado con una abierta disposición para atender a los más necesitados, tanto material como espiritualmente. Su fama crecería, entonces, junto con su hálito de sabiduría. De hecho, la mismísima Eva Perón —sinceramente identificada con los más sufridos y descuidados por la sociedad— la visitaría y hablaría *in extenso* con ella en su casa correntina.

Corría 1951, cuatro años después de que Evita visitara a Victoria, cuando el que iba a presentarse en la casa de la madre espiritual sería el policía José López, conducido por su amigo Villone. Sería el inicio de una curiosa afinidad y correspondencia espiritual.

Las relaciones entre el agente y su inspiradora cursarán caminos paralelos: el primero buscaba en ella una identificación energética y de las almas; la segunda prevenía al advenedizo sobre las trabas y los riesgos que amenazaban sus ambiciones.

En López anidaba la esperanza de convertirse no sólo en el discípulo de Victoria, sino en un conducto privilegiado de las fuerzas cósmicas que ella invocaba. Victoria, por su parte, recelaba del hombrecito que tantas atribuciones se daba y lo instaba a transitar por caminos de mayor humildad y espera. Se podría decir que la Montero desconfiaba de López y de su inveterada ansiedad por considerarse un enviado divino.

Semejante relación no podía terminar de la mejor manera, pero para ello faltaban algunos años. Por lo pronto, y según señala Larraquy:

"López continuó visitando la casa de la Madre espiritual. Acumulaba [días] francos en la policía o fingía enfermedades para llegar a Paso de los Libres en tren o en un micro... Generalmente iba solo. Los primeros meses su esposa no lo acompañó. A partir de que conociera a Victoria, López se sumergió aun más en las lecturas esotéricas. Devoró *La civilización adámica* y los tres tomos de *Arpas eternas*, de Josefa Rosalía Luque Álvarez (Hilarión de Monte Nebo), que narraba la vida de Jesús y afirmaba que éste había sido iniciado en la lectura de los libros sagrados de Moisés y los profetas por un Consejo de Ancianos de la orden de los esenios".

Los esenios, de larga tradición y prestigio para todos los estudiosos de la época de Jesús y sus antecedentes doctrinales, constituían una orden especialmente querida por Victoria. Y, por supuesto, López también hizo suya esa afición. De todos modos, no sería la única orden o escuela espiritual que despertaría sus pasiones: también harían lo propio los Rosacruces y otras tendencias o sectas que conocería gracias a sus viajes al Brasil, que por entonces comenzó a realizar con gran frecuencia.

Las teorías que encantaban al policía-cantor-espiritualista podrían tener diverso origen, pero confluían especialmente en un punto: la existencia de una energía interior que, orientada en la dirección correcta, podría entablar una directa conexión con el Creador y convertir al acertado oficiante, de alguna manera, en Su brazo ejecutor en la Tierra.

En este sentido, sus indagaciones en las diferentes escuelas y rituales perseguirán un mismo fin: la obtención de nuevos recursos, conocimientos y técnicas para perfeccionar las atribuciones de su propio espíritu y su energía cósmica. Semejante pretensión se convertirá en obsesiva para López, quien ansiaba ponerse al servicio de Dios y explorar y aplicar lo que ya creía poseer: ingentes poderes naturales.

A las puertas del cielo

La oportunidad de José se presentará muy pronto, cuando la enfermedad de Evita lo autoconvoque a las puertas mismas de la habitación de la primera dama, en el Palacio Unzué. Allí, el policía realizó secretamente algunos ritos destinados a aliviar los dolores que atribulaban a la "abanderada de los humildes". La muerte de Evita, el 26 de julio de 1952, seguramente lo convenció de que aún no había logrado el perfeccionamiento adecuado, pero estaba seguro de que el camino emprendido era el correcto. Años más tarde encontraría en Isabelita, tal como llamaban familiarmente a la nueva esposa de Perón, un nuevo sujeto para canalizar su obsesión. Y entonces su éxito sería pleno. Pero no nos adelantemos.

López continuó con sus estudios y prácticas espirituales, que le darían alguna jerarquía en el barrio porteño de Villa Urquiza, donde algunos conocidos comenzaron a ver en él una suerte de "hechicero" y "guía", sin duda ayudados por la autopromoción que él solía realizar, mezclada con consejos y predicciones más o menos enigmáticas.

El resultado fue una creciente fila de consultas por angustias y dolencias físicas de la más variada especie, que López atendía gustoso, generalmente recomendando algún tipo de infusión debida a sus conocimientos de hierbas y plantas, saber ciertamente habitual entre los miembros de sectas espirituales. Según señalan Cernadas Lamadrid y Ricardo Halac, también por aquellos años realizará horóscopos a sus compañeros de trabajo.

Por entonces ya era considerado una suerte de "vidente" de barrio, que con los años llegará a trascender sobradamente el aura de su saber herbáceo. De hecho, en mayo de 1979, cuando López Rega ya había caído en desgracia y gobernaba sentada en sus bayonetas una sangrienta junta militar, el juez federal Martín Anzoátegui va a presentar a la prensa algunos elementos pertenecientes al otrora hombre fuerte del gobierno de Isabel Perón. Entre esas pertenencias, el diario *La Razón* va a inventariar:

"Una gran capa blanca con dos estolas color bordó, con sus extremos bordados en oro y el escudo de Albariño, la secta a la que pertenecía, implantado en el centro... una estatuilla similar a las 'diabladas' de Oruro, Bolivia, y distintos collares, anillos, pulseras de fantasía y amuletos... La biblioteca sugiere exóticos rituales vinculados a las ciencias ocultas, con magia blanca y magia negra, talismanes, masonería, telepatía y mensajes astrológicos".

Semejante muestrario evidencia hasta dónde el otrora "hechicero" de barrio había ascendido en la escala oscurantista. No resulta extraño que el propio López Rega se presentara así en una informal conferencia de prensa, en 1973, según señalan J. C. Cernadas Lamadrid y Ricardo Halac:

"La gente me ubica de tres maneras: diciendo que soy marica, que soy ladrón y que soy brujo. Que no soy marica lo sé muy bien yo y eso me alcanza. Si soy ladrón, se darán cuenta de que no lo voy a confesar acá, nada menos que entre periodistas. Y, bueno, sobre que soy medio brujo, es cierto, lo soy; pero con eso no creo molestar a nadie".

Los elegidos persisten

Volvamos a los años 50 y a los pasos que serán concurrentes a su futura "misión", o sea, el infausto papel que cumplió en la vida argentina y que es parte sustancial del objeto de este libro. También por entonces, José López intentará dar cierto impulso a su ya iniciada, pero interrumpida, vida artística, y gracias a un subsidio otorgado por el gobierno para promocionar a los artistas locales, viajará a los Estados Unidos. Parece ser que el policía espiritualista comprendió que un doble apellido podría contribuir en algo a su éxito e incorporó definitivamente el de su madre. De allí en adelante sería José López Rega.

De todos modos, su carrera artística no florecería más allá de una que otra actuación y alguna nota aparecida en publicaciones sobre el "ambiente artístico"; no mucho más que ello.

A pesar de la falta de brillo, su veta creativa no desaparecería del todo, mutando simplemente de género; su inclinación mayor sería ahora la escritura. En este radical cambio también

GABRIEL GLASMAN

gravitará su viejo amigo Villone, quien con un par de socios establecerá en el Brasil una agencia de publicidad.

Corría el año 1957 y López Rega visitaba con asiduidad a su amigo, recordemos que ligado a la masonería, quien a su vez le presentará relaciones con similares inquietudes. Las actividades y relaciones de Villone entrelazaron perfectamente con sus propias inquietudes. En el imaginario de López Rega había llegado el momento de transmitir sus estudios y revelaciones, y se metió de lleno en la tarea, alternando sus labores cotidianas en la Policía Federal con una intensa lectura y sus siempre frecuentes viajes a la casa de Victoria Montero.

Finalmente daría a luz una obra escrita que quedará concluida en 1957 bajo el título de *Conocimientos espirituales*. López le entregará con toda expectativa el manuscrito a su guía y maestra espiritual. Pero, según Larraquy, la recepción de la obra no despertaría ninguna emoción positiva en Victoria. Por el contrario, ella le diría:

"Yo no escribo nunca. Ni Jesús ni Buda ni Sócrates escribieron. ¿Y usted quiere escribir? Está bien, hágalo. Pero debe ser usted mismo el que debe empezar a escribir, y no copiar lo que ya hicieron otros".

Y remataría su evaluación con una pregunta que debió arrasar los ánimos del esperanzado autor: "¿Para qué sirve esto?". Larraquy termina con la reconstrucción del encuentro de la Montero y el inquieto López:

"–¿Está de acuerdo con lo que le digo? –le preguntó su Maestra.
–Sí –respondió López.
Entonces, Victoria apretó las hojas que tenía entre manos y las rompió en dos".

Las palabras y la actitud asumida por Victoria Montero debieron sumergir en una profunda depresión al iluminado agente policial. Pero, lejos de amilanarse por la reprobación recibida, López no renunciaría ni a la escritura ni a la pretensión de publicar sus pensamientos. De hecho, la emprendió con un nuevo proyecto literario: *El hombre, un mundo desconocido*. Más tarde llegarían nuevos escritos, como *Astrología esotérica* y *Preguntas en la noche*, entre otros. Martin Edwin Andersen señalará respecto a las obras de López Rega que estaban "todas caracterizadas por una densa prosa casi ininteligible".

Los "trabajos" y los días

La escritura se había convertido para José en algo más que una afición. En los años inmediatamente posteriores a los narrados se hallaba sin trabajo estable, ya que había dejado el servicio que lo había ocupado a lo largo de varios años. Después de su tránsito por el Palacio Unzué había sido destinado por un periodo a la Guardia de Infantería y más tarde a la guardia de un Juzgado Correccional de Menores, ya durante la llamada "Revolución Libertadora", que derrocara al gobierno de Perón.

Luego López decidirá pegar el portazo y pedir el retiro de la institución policial, el que le será finalmente concedido el 3 de abril de 1962; tenía entonces 46 años. En este contexto, la escritura y la publicación de sus obras bien podían constituir un ingreso, que él decidió no obviar.

La escritura lo llevará, además, a involucrarse con la empresa Suministros Gráficos, responsable de la publicación de *Astrología esotérica*, que finalmente verá la luz en 1962.

También por entonces López aceitará sus relaciones en el Brasil y muy pronto hará sus primeras armas en el *umbandismo*. Pinetta destaca:

"Sus viajes al país hermano se hacen cada vez más frecuentes. Allí cosecha amigos. Su casa va reuniendo amuletos, estatuillas diabladas… De vez en cuando, López Rega sale disparado llevando en su maletín una capa blanca y una estola bordó… Es que ha aprendido a 'hacer trabajos' y a 'quitarlos'. Algún vecino comenta que *Lopecito* entierra cabezas de chancho, con papeles escritos".

Suministros Gráficos estaba dirigida por José Miguel Vanni, un joven emprendedor que también tenía grandes intereses en los temas espirituales y místicos. No resultó extraño, pues, que López Rega comenzara a trabajar en esa empresa; como asesor primero, pero más tarde alcanzó la presidencia misma de la editorial e imprenta. Claro que semejante carrera fue lograda merced a la misma persistencia que él exhibía en cada una de sus obsesiones. Pinetta rescata los recuerdos de Héctor González, directivo de la empresa, quien señaló respecto del nuevo integrante:

"Nos impresionó muy bien a todos, porque era simpático y llano, aunque a veces tenía un lenguaje raro y amenazante. Aludía a Dios y a poderes sobrenaturales, los que decía poseer. Desde el día que lo conocí, López Rega me aseguró que estaría junto a Perón".

González enfatizará también sobre la eficacia laboral del ex policía y sobre su filiación ideológica, la que se distinguía por una clara intolerancia:

"Nos trajo nuevos clientes y reveló dotes de buen administrador... Nunca permitió que entrara como trabajador a la imprenta una persona con antecedentes de izquierda. Realmente, les tenía odio".

Suministros Gráficos realizaba también otros trabajos, por ejemplo, imprimir afiches y pequeñas publicaciones para grupos peronistas, por lo que era más o menos habitual que dirigentes de diversas agrupaciones visitaran sus oficinas. J. C. Cernadas Lamadrid y Ricardo Halac van a señalar, por ejemplo, su colaboración...

"...para la elección de Andrés Framini como gobernador de la provincia de Buenos Aires. Los que lo conocieron en esa época hablan de una persona sencilla, dinámica, hábil, organizadora y de mucha capacidad de trabajo".

De esta manera, la casualidad estaba por ligar al policía jubilado con una camada de peronistas que serían de capital importancia en su futuro inmediato, y no tanto. Muy particular sería la relación que establecería con el juez Julio César Urien, quien no sólo era un veterano peronista, sino también un especialista en cuestiones esotéricas y dirigente local de una secta en pleno proceso de crecimiento: la logia ANAEL.

Una vez más, la vida de José López Rega estaba a punto de cambiar, y de una manera más formidable que lo que él mismo podía imaginar.

Capítulo 2
EL ÚLTIMO ESCALÓN:
LA LOGIA ANAEL

> "Los objetivos a alcanzar serán con hombres nuevos, mentalidad nueva, nuevos métodos, nuevas leyes, nuevas estructuras. La nueva marcha no podrá ser detenida. Los pueblos así lo quieren. Y cuando los pueblos quieren, ¡lo consiguen!"
>
> Ideario de la Logia ANAEL

La presentación entre López Rega y Julio César Urien va a llevarse a cabo en octubre de 1965, en las dependencias mismas de Suministros Gráficos. El presentador será el propio Vanni, quien introducirá al ex policía como un hombre de gran cultura y espiritualidad.

Urien, un abogado peronista de origen acomodado, había llegado a la imprenta con un manuscrito bajo el brazo, que quería considerasen: *El Tercer Mundo en acción*, libro que deseaba publicar para promover sus ideas acerca del promisorio futuro nacional que anidaba en un nuevo mandato presidencial de Perón. Seguramente, a López debió llamarle la atención el nombre del firmante de la obra: Logia ANAEL; era una organización de la que parece no había tenido noticias hasta ese momento.

López Rega no se tomaría demasiado tiempo para decidir la suerte del manuscrito, y apenas unos días más tarde, le informará a Urien que la imprenta satisfaría el pedido y al precio más conveniente. Una vez más, los caminos de López Rega y de Perón volvían a cruzarse, y el policía retirado no iba a dejar que la ocasión se le escapara.

Por lo pronto, el devenido empresario gráfico se interesó en conocer a fondo a la logia ANAEL, por lo que las relaciones entre él y Urien se intensificaron a través de reuniones y charlas sobre cuestiones políticas y esotéricas, en las que un extasiado López Rega dejaba que su interlocutor le indicase, con todo el tiempo del mundo, cada detalle.

La conducción cósmica

Entre las verdades que Urien le develará a López Rega destacará el significado mismo de la sigla ANAEL, que tenía una misma lectura salvo en lo que respecta a la segunda letra A, que contemplaba por lo menos cuatro significados. Así, ANAEL refería invariablemente a "Acción Nacional A... en Liberación", siendo la A de referencia, Argentina, Americana, Africana o Asiática. Esa profusión de letras A (América, África, Asia) nos remite a la sigla que, una década más tarde, sería siniestramente conocida: AAA.

La clave de ANAEL se resumía en una estrategia política de liberación comandada por el Tercer Mundo —América, África y Asia—, con una original impronta antiimperialista, aunque también equidistante de cualquier identificación con el ideario socialista. La estrategia política tenía, además, una pátina religiosa-mística no menos importante. Larraquy sostiene que el propio Urien se encargaría de subrayarle este lazo a López Rega:

"Le explicó que los Grandes Iniciados de la Antigüedad —Buda, Confucio, Krishna, Jesús y Mahoma, entre otros— habían vislumbrado a los pueblos de la Triple A —Asia, África y América— como una hermandad universal, pero que esa evolución había sido distorsionada algunos siglos después de la muerte de Cristo, cuando la Iglesia Católica dejó de ser nazarenista y se ocupó de defender el poder de los ricos".

Para ANAEL, en la corriente etapa de la Humanidad, quienes se encargarían de llevar a cabo las tareas de liberación serían las masas oprimidas de los tres continentes citados, anulando la tiranía de los dos bloques hegemónicos del mundo: el capitalismo y el comunismo. Por supuesto, quedaba claro que el camino sería largo y tormentoso, pero indefectiblemente debía ser cumplido. La logia ANAEL tenía su parte en la tarea, que consistía en activar las fuerzas de la Triple A que les eran propias, es decir, América.

En la estrategia de la logia, los gobiernos nacionalistas y con sesgos antiimperialistas y antisovietistas constituían una plataforma necesaria, imprescindible, y en ese nivel ubicaban tanto al varguismo brasileño (movimiento de seguidores de Getúlio Vargas, cuatro veces presidente de su país) como al peronismo argentino.

La actividad de la logia ANAEL había comenzado años atrás y por lo menos hay registros de dos reuniones de carácter "doctrinario", en las que se establecerían las bases de la estrategia para todo el continente.

La primera de esas reuniones, realizada el 2 de diciembre de 1956 en San Pablo, iba a contar con la presencia de delegados de América, África y Asia. En la misma se produciría un documento que señalaría, entre otros considerandos:

"Necesitamos una Nueva Sociedad dirigida por el humanismo y la razón. Por eso, nos hemos puesto en marcha conjuntamente con las masas humanas de todos los colores. ¡El alma del mundo sub-desarrollado despierta, hacia una nueva civilización! ¡La Comunidad Cooperativista! Los fundamentos de la Civilización actual, capitalista-imperialista, están corrompidos y gastados. Comienzan épocas de rupturas. Por creerlo así, la logia ANAEL elaboró una programática. La damos a publicidad, porque entendemos que los acontecimientos presentes y próximos lo aconsejan".

En cuanto a su definición del nuevo sujeto de cambio, la logia definirá:

"El Tercer Mundo se consolidará mediante tres vértices magnéticos... Cobrará agresividad antes de entrar en el ocaso el imperialismo yanqui. China con cultura e ideología propia se distanciará de Rusia. América Latina se organizará sobre bases espirituales definidas. Es conveniente prepararse desde ya. Cuando llegue la hora, la obra ANAELina debe estar organizada e identificada".

Respecto del papel específico de la Argentina, subrayará:

"Perón no está descartado de la obra, al contrario, lo sucedido fue previsto para su bien y para el de Latinoamérica. Volverá a la

Argentina. Previo debe destruirse el 'clima', que es incompatible con la política a realizar en el futuro. Se desgastarán hombres y sistema. Habrá depuración. Reputamos que el alejamiento de Perón fue benéfico".

Finalmente, el documento concluirá con una serie de evaluaciones sobre el futuro más o menos inmediato:

"Se abre en Argentina, Brasil y en América un intenso periodo de actividades ocultas. Perón y Adhemar de Barros procederán inteligentemente para implantar en todo el continente una etapa de renovación política integral. Durante el periodo, una nueva conciencia trabajará insistentemente sobre millares de jóvenes universitarios y obreros que a su debido momento actuarán juntos en toda Latinoamérica... Durante la década del 60 al 70 se estructuran las fuerzas universitarias. Quizá se produzcan en Argentina y Brasil choques violentos entre civiles y militares. El hombre anónimo de la calle se revelará sorpresivamente... Durante la nueva actuación de Perón y Adhemar de Barros, sobrevendrán reformas importantes, una de ella será la religiosa, cuyo desarrollo acarreará la evolución de la jerarquía eclesiástica. Estos acontecimientos preparan el camino de la Confederación Continental Latino Americana. Una especie de parlamento cuidará permanentemente las expansiones y necesidades del Continente. Para aplicar este plan es imprescindible anular los límites fronterizos y las Aduanas. Habrá un solo patrón monetario. La ciudadanía continental tendrá libre acceso dentro de las soberanías de la confederación; el intercambio de puntos de vista sobre el aprovechamiento científico del suelo (transformación agraria), hará de la Confederación el continente más libre y democrático del mundo. La consolidación de la idea de San Martín y Bolívar".

En marzo del año siguiente, tras nuevas deliberaciones, los delegados de ANAEL sumarán nuevas conclusiones, entre las que destacarán:

"La logia ANAEL tomará la iniciativa en los próximos años. El egoísmo y la corrupción son los sepultureros de los viejos sistemas sociales. La nueva época, si bien no tendrá parangón con ningún periodo histórico del pasado, debe ser perfectamente estructurada desde el comienzo. No debemos ignorar que en esta nueva era, nuevos líderes conducirán pueblos revolucionarios. El 70% de la población mundial. La civilización del oro debe desterrarse, para dar lugar a la civilización del hombre. El hombre humano. El hombre nuevo... El trigo se separará de la cizaña. Con esto significamos que se hará tabla rasa con todos los elementos que pudieran perturbar esta obra. Condicionaremos a Latinoamérica para la alta misión de proyectar para el milenio próximo la Nueva Civilización... Los objetivos a alcanzar serán con hombres nuevos, mentalidad nueva, nuevos métodos, nuevas leyes, nuevas estructuras. La nueva marcha no podrá ser detenida. Los pueblos así lo quieren. Y cuando los pueblos quieren, ¡lo consiguen!"

Urien había heredado la titularidad de ANAEL en la Argentina de quien fuera su verdadero iniciador local, el martillero Héctor Caviglia, a quien Larraquy define como un aventurero que había elaborado "la doctrina de Perón como Conductor Cósmico de las masas".

Política y predestinación

La historia de Caviglia que nos interesa se inicia cuando entra en relaciones comerciales con algunos asesores del presidente del Brasil, Getúlio Vargas, que estaban compenetrados del ideario de ANAEL. Parece ser que Caviglia se interesó en la cuestión y terminó asumiendo la tarea de poner en contacto a la logia con Perón, contacto que se concretó y se mantuvo hasta la muerte misma de Caviglia, fulminado por un sorpresivo infarto. Horacio Verbitsky, por su parte, subraya:

"Perón había tenido un contacto previo con el jefe de la logia ANAEL, el brasileño Menotti Carnicelli, y con su representante argentino, el martillero Héctor Caviglia, quienes en 1950 le recabaron su apoyo para reponer en el gobierno a Getúlio Vargas.

Según ANAEL, Perón y Vargas debían realizar 'la unión de las repúblicas de América para el dominio del mundo civilizado'. Hitler y Mussolini habían venido a la tierra para 'abrir camino a Perón y Getúlio'. Cuando Estados Unidos se desmoronara, la alianza de la Argentina y Brasil afirmaría en el tercer milenio una nueva humanidad. La logia identificaba sus esquemas racistas con la emergencia política del Tercer Mundo. Asia, África y América eran los continentes sobre los que se fundaría el nuevo orden mundial. Formaban un triángulo y una sigla de valor cabalístico: AAA".

Perón, que era todo un pragmático, seguramente percibió que nada de lo aventurado por ANAEL estaba sucediendo o estaba por suceder. Estados Unidos seguía fortaleciendo su influencia y su colega brasileño había optado en 1954 por el suicidio. No resulta demasiado extraño que, ante semejantes fallos, Perón se desentendiera olímpicamente de la logia y sus representantes locales. Lo que no podía saber es que los seguidores de ANAEL persistirían en su misión.

Por lo pronto, Urien había iniciado su liderazgo armando una importante red de relaciones con peronistas de prestigio, entre los que se hallaba el mayor Bernardo Alberte, quien por otra parte actuaba como delegado personal del caudillo exiliado. El contacto era de lo más trascendente, puesto que de alguna manera permitía una llegada directa al entorno más íntimo del general y, por supuesto, a Perón mismo.

Muy poco tiempo pasaría para que la recientemente iniciada relación entre López Rega y Urien permitiera al primero conocer a Alberte y, a partir de él, a María Estela Martínez, "Isabel", la esposa de Perón. Se cerraba así un círculo que parecía haberse comenzado a armarse hacia muchísimos años atrás, y en el que el azar y el empecinamiento de López Rega confluirían en un cóctel que él sabía degustar.

El propio hijo del mayor Alberte confirmará este armado en una entrevista con Emilio Corbière publicada en www.elortiba.org:

"–Se dice que su papá y él [López Rega] pertenecían a la logia ANAEL.

—Yo siempre lo negué, porque papá, que era muy reservado, no me lo dijo nunca. Pero parece que es cierto. La logia había sido creada por el ex juez Julio César Urien y, en realidad, era una agrupación antiimperialista, tercermundista, que luego López Rega (que debía ser de la CIA nomás) cargó de contenidos fascistas. La cosa es que yo un día llegué del colegio y me encontré sentado en la sala a un tipo bastante estrafalario que me hizo preguntas raras, de trastornado. Y era, claro, López Rega, que conoció a Isabel en mi casa y a partir de ese momento se le pegó para siempre, con las consecuencias que todos conocemos".

Para mediados de la década de 1960, José López Rega ya había alcanzado la cima de Suministros Gráficos y mantenía una más que conveniente relación con algunos importantes interlocutores del peronismo. Por supuesto, había ingresado a la logia ANAEL de la mano de Urien, y alentaba más que nunca la ilusión de contribuir con el restablecimiento de Perón, una vez más, en el escalón más alto del país y del continente.

Por la vuelta

Por entonces, los planes de Perón apuntaban con la mayor paciencia a reorganizar y disciplinar a sus cuadros en la Argentina, lo que solía traerle no pocos trastornos. De hecho, el dirigente sindical Augusto Timoteo Vandor desafiaría su autoridad y mando, y amenazaría con desarmar un andamiaje político que al "Viejo" le había llevado décadas levantar y mantener vigente.

Cuando Perón sintió que sus esfuerzos podían terminar en el mayor de los fracasos —agobiado por el exilio y los dobleces continuos de sus dirigentes—, apeló quizá a una de las pocas personas que sabía podía controlar por completo: su esposa Isabel Martínez, quien, de golpe, tras casi una década de prácticamente nulo protagonismo político, se convirtió en su enviada especial al teatro mismo de las operaciones.

La ocasión no era caprichosa. Se estaban preparando las elecciones para elegir gobernador en la provincia de Mendoza, y tanto Vandor como Perón se dispusieron a jugar sus mejores fichas para consagrar una candidatura leal a ellos mismos. En ese marco, pues, Isabel llegó a la Argentina el 10 de octubre de 1965.

Gobernaba el país el radical Arturo Illia, quien con enormes esfuerzos se mantenía en el poder, siempre condicionado por la amenazante presión de las Fuerzas Armadas, y pobremente legitimado por menos del 25% de los sufragios obtenidos ante la proscripción del peronismo.

La presencia de Isabel, por supuesto, alentó las más diversas y agudas esperanzas en unos, e incomodidades en otros. Mensajera de Perón en un país políticamente inestable, Isabel sería minuciosamente vigilada en sus palabras y gestos, en la elección de sus entrevistados y en la de sus visitas. Absolutamente todos sabían que cada uno de sus pasos y de sus dichos había sido establecido por el propio Perón.

Una semana después de pisar suelo argentino, Isabel concurrió a un té organizado en la casa del mayor Alberte, evento social que tenía, a claras vistas, una absoluta intencionalidad política. Era un día memorable para la grey peronista —el 17 de octubre—, fecha que el propio Perón escogió para que su esposa transmitiera a sus interlocutores un mensaje inequívoco: la necesidad de reorganizar a la dirigencia partidaria, muy especialmente por los permanentes fracasos sufridos en la organización de su regreso al país.

Será justamente ese día, coincidente con su cumpleaños número cincuenta, que Isabel y López Rega se verán por primera vez. Tomás Eloy Martínez señalará que "se lo habían presentado como a un perro fiel, de absoluta confianza".

Según el relato de Larraquy, López Rega —que hasta el momento no había tenido ninguna participación en la reunión— sorprendió a los presentes requiriendo toda la atención para decir algunas palabras:

"El regreso del general es una misión eminentemente espiritual, que resplandece bajo una fase política. Debemos vencer a las fuerzas que lo están dejando postrado en el exilio, como también fueron abandonados Rosas y San Martín. Nuestra única misión es traer a Perón a la Argentina, para reivindicar su figura junto a la de Evita. Su regreso será nuestro triunfo espiritual".

¿Cuánto conmovieron estas palabras a Isabel? Parece ser que mucho, sobre todo porque sería ella misma la que pediría la presencia del ocasional orador una semana más tarde, cuando ya se hallaba instalada en una casa que los propios miembros de la logia le habían conseguido. El periodista Esteban Peicovich, presente en la reunión llevada a cabo en la casa de Alberte, certificaría el pedido de la enviada.

Los testimonios señalan que durante un nuevo encuentro, también realizado en la casa de Alberte, Isabel agradeció las palabras que López Rega había pronunciado días atrás y le transmitió cuánto le habían recordado a Daniel, el profeta. El ex policía debió sentirse soberbiamente halagado y no dudó en mostrar cuánto conocía la vida del propio Daniel, subrayando que el visionario en cuestión había logrado influir como nadie en la corte de Nabucodonosor. Luego López Rega le confesaría su pasión por Perón y Evita y que estaba dispuesto a realizar todos los esfuerzos para colaborar con ella, fortaleciendo su energía interior merced a los poderes que él mismo había adquirido y pulido en sus experiencias esotéricas. De alguna manera, López Rega se ofrecía como un nuevo profeta, capaz de poner al servicio de Isabel la fragmentada corte peronista.

Dar en el blanco

Isabel Perón va a quedar impresionada por López Rega, iniciando una relación en la que ella irá quedando progresivamente bajo la influencia, casi el capricho, de éste. Verbitsky encontrará un punto de unión muy íntimo entre ambos personajes, que contribuirá a fortalecer la unión:

"Los dos habían seguido parecidas líneas de fuga hacia regiones fantásticas, ella en un templo espiritista de Mataderos, él por medio de la magia blanca de Umbanda y la logia ANAEL".

Como fuere, lo cierto es que Isabel halló en López Rega, por lo menos, un inmediato e impensado punto de descanso espiritual en medio de tantas y tan enormes tensiones políticas que, por otro lado, ni le interesaban demasiado ni entendía en su justa medida.

Hasta que Isabel partió de la Argentina una vez más con destino a Madrid, en julio de 1966, su relación con López Rega crecerá y se afianzará mediante largas conversaciones de temas esotéricos, muchas de ellas en el primer piso de Suministros Gráficos, donde López tenía su despacho y gustaba recibir a su ilustre visitante.

Las charlas no iban a espaciarse, a pesar de que Isabel comenzó a recorrer algunas provincias para distribuir los mandatos políticos de su marido. López Rega, silenciosamente, ya se había ganado un lugar en la comitiva de la señora y evitaría con celo separarse de ella.

La situación interna del peronismo era sumamente conflictiva. El sindicalista Vandor había echado fuertes raíces en el gremialismo, y su prédica de un "peronismo sin Perón" entusiasmaba a ciertos sectores de las Fuerzas Armadas y de la oposición política. Por supuesto, la cuestión no era menor y provocaba en Perón una inquietud y un malestar enormes.

El enfrentamiento entre Perón y Vandor parecía inminente y no tardaría en expresarse cuando uno y otro apoyaran a candidatos diferentes en las ya citadas elecciones a gobernador en Mendoza. Fue entonces cuando Isabel debió fungir de política en la arena misma del conflicto, viajando a la provincia cuyana a hacer campaña para su marido. El resultado no fue feliz para el candidato vandorista, lo que ciertamente volvió a posicionar a Perón en el mejor de los sitios para ordenar el interior de su díscolo movimiento.

Seguramente Perón se habrá sentido satisfecho de la misión emprendida por Isabel, y ella misma habrá gozado de un éxito que, de alguna manera, identificaría con la ayuda y el apoyo espiritual que López Rega le había brindado.

En ese marco, y habiéndose producido el golpe de Estado con el que el teniente general Juan Carlos Onganía desalojó de la presidencia a Arturo Illia para iniciar un nuevo ciclo dictatorial en el país, se impuso el regreso de Isabel a Madrid. Aunque la situación política emergente volvía a variar la estrategia de Perón, Isabel regresaba con aire triunfal.

Pasos decisivos

Mientras tanto, alguien más pensaba en el viaje a España. En verdad, los miembros de la logia ANAEL tenían sus propios planes respecto de Isabel y Perón, y evaluando que su influencia estaba siendo exitosa, se aprestaron a definir una estrategia que, básicamente, consistía en colocar a un miembro de la logia en el estrecho e íntimo círculo madrileño de Perón. Todo indica que López Rega no fue el primero en ser tentado con tal misión, ni mucho menos fue el primero en ser propuesto por la misma logia. En cambio, sí fue el que la propia Isabel sugirió cuando se le propuso el acompañamiento de uno de sus amigos en la Argentina, seguramente entusiasmada por los buenos dividendos que su presencia le había dado hasta ese momento.

Los jefes de la logia no pudieron negarle a Isabel la satisfacción de semejante sugerencia, y finalmente acordaron con la propuesta.

Por fin, el 9 de julio de 1966, en un Douglas de Iberia, Isabel abandonó la Argentina. López Rega, por supuesto, iba con ella.

El menudo equipaje de José contemplaba un maletín con algunos documentos. Más abultada era su expectativa, ya que le había escrito una extensa nota a Perón, a manera de presentación, y que enviaría previamente para ser entregada en persona por su hija Norma. Según Tomás Eloy Martínez:

"Cuando se acercó el momento de volver a Madrid, López pidió permiso a la señora para escribir al general: era preciso advertirle quién era él y a qué iba.

"–No hace falta –dijo Isabelita–. Yo ya lo he ponderado a usted lo suficiente.

"–Hace falta. Como en todas las anunciaciones, necesitamos un ángel. Avísele al general que Norma Beatriz, mi hija, se le presentará este domingo con una carta".

La nota, bastante extensa por cierto, y con una inocultable tendencia autopromocional, estaba fechada en Buenos Aires el 31 de mayo de 1966, y testimoniaba con claridad dos aspectos que destacaban al firmante: por un lado, su participación en la logia ANAEL, en la que se adjudicaba un protagonismo superlativo; por otro, una manifiesta y empalagosa fe de sumisión ante Perón, rol que no abandonará desde entonces. La misma decía:

"Estimado general:

"Saludo a Ud. respetuosamente y con la emoción lógica de quien abandona por un instante la cristalización material del cotidiano vivir, para expresar en los planos del idealismo espiritual, su reconocimiento admirativo hacia el HOMBRE, que durante tantos años sobrellevó con claridad de pensamiento y nobleza en el sentir, la CAUSA del devenir de nuestra querida PATRIA.
[...]
"He rogado al DR. URIEN que por informe aparte testifique sobre la faz teórica de la LOGIA ANAEL, de la cual ambos somos cabeza.
[...]
"Mi lugar en la LOGIA es fundamentalmente espiritual, pero soy a la vez eminentemente ejecutivo. Desde hace más de veinticinco años vengo cumpliendo, en el más absoluto anonimato, una tarea difícil, que se entroncó con su propia labor en los albores del peronismo, allá en el LABORISTA ARGENTINO, JUNTA RENOVADORA, etc., con dilectos amigos suyos... Fui uno de los primeros SECRETARIOS GENERALES de UNIDADES BÁSICAS, escapando siempre (en cumplimiento de mi tarea internacional) a todo aquello que fuera figuración. Más adelante y hasta la REVOLUCIÓN ocupé a su lado un humilde cargo de confianza, fui CUSTODIA PRESIDENCIAL durante unos diez años, retirándome con el grado de SARGENTO luego de la revolución del '55. ¡Ya ve mi general, cómo el SEÑOR mantenía 'capitales reales' cerca suyo!"

La carta de López Rega continúa con una detallada descripción de su formación espiritual, siempre otorgándole a la misma una dimensión que sobrepasa varias veces la realidad. En sus propias palabras:

"Durante toda mi vida he estudiado el alma de los seres humanos; el balance obtenido me ha llenado de un profundo dolor, pero la enorme responsabilidad de elevar el tono vibracional de la raza humana corresponde a quienes tienen el privilegio de conocer el PLAN DE LA DIVINIDAD. Con un apretado grupo de amigos, formamos la EDITORIAL ROSA DE LIBRES, y comenzamos a imprimir una serie de obras, salidas de mi pluma, que al parecer revolucionaron los medios especializados y por sobre todo, las altas jerarquías ocultas".

El ex policía combinaba en su misiva la promoción personal con una serie de propuestas que, pensó, Perón no dejaría pasar sin concederle interés. Por ejemplo, la existencia de una imprenta que ponía a su servicio.

"Mi idea era la de preparar los medios económicos, para que cuando UD. llegara al país no tuviera que depender de intereses ajenos a la CAUSA NACIONAL. Además, contar con elementos humanos e industriales para una apropiada difusión de la doctrina y su movimiento, estableciendo allí en un piso aparte, la ESCUELA SUPERIOR y el COMANDO POLÍTICO".

El soldado desconocido

Más adelante, López Rega va a presentarse en su carta también como un incondicional soldado del movimiento y de sus dos representaciones máximas, que él mismo sitúa en el matrimonio Perón.

"Soy un rebelde, pero mi apasionamiento tiene las bases firmes del conocimiento real, y desde ese instante nuestras vidas, familias y empresas están desinteresadamente al servicio de la SRA. ISABEL, con el ruego preestablecido de no tomar parte en nada político.
[...]

"Quiero expresarle nuestra admiración por la entereza y capacidad intuitiva que la SRA. ISABEL ha demostrado en todo momento, en todo lo cual se percibe la mano oculta del MAESTRO".

Finalmente, y como si fuera todo un comandante al frente de varias unidades de combate, el policía retirado va a reseñar los movimientos nacionales y continentales que él mismo dirigía o a los que estaba asociado, todos en pos de un relanzamiento político del peronismo y de los movimientos afines distribuidos en otros países.

La carta debió parecerle a Perón, por lo menos, enormemente curiosa, y no resulta extraño que el experimentado político se haya preguntado sobre el sujeto que con tanta libertad y fracasada humildad se presentara, en definitiva, como una persona influyente e importante para el movimiento.

Es posible que ya desde esa lectura, Perón haya considerado a López Rega como un divagante bastante mentiroso y no menos audaz, y no le diera mayor importancia. Pero seguramente no lo ignoró del todo.

Pragmático como pocos, el general debió apuntar que López Rega y su gente por lo menos habían cuidado de su esposa, le habían provisto de algunas comodidades y se habían mostrado siempre dispuestos a acatar las órdenes llegadas de Madrid. Una cuestión que, en plena rebeldía "vandorista", no era por cierto menor.

Así las cosas, Isabel llegará a la fortaleza peronista en el exilio —la quinta 17 de octubre—, donde la aguardaba el general. Isabel regresaba con algunos triunfos políticos en las maletas y un servicial extraño que las portaba. López Rega había alcanzado la meta y estaba a un paso de estrecharle la mano al líder de las masas argentinas.

Capítulo 3
SIERVO Y ELEGIDO

"Usted siempre anda detrás de los espíritus. Ocúpese también de los hechos. Y con los espíritus tenga cuidado. Por ahí le pueden dar una patada en el culo."

Juan Domingo Perón a José López Rega

El 11 de julio de 1966, José López Rega va a traspasar los umbrales de la residencia madrileña de Perón y, por fin, se encontrará cara a cara con el líder. Nadie podía sospechar entonces hasta dónde ese día sería trágicamente histórico para varias generaciones de argentinos.

Por lo pronto, López Rega va a ocupar desde el primer momento un papel de absoluta sumisión y atenta espera alrededor de Perón, siempre con una increíble disposición a tolerar cualquier exabrupto y desprecio hacia su persona, en pos de una única meta: estar a su lado en cualquier circunstancia para demostrarle hasta dónde estaba dispuesto a servirle.

De alguna manera, y parece ser que eso a Perón lo divirtió bastante, José López Rega asumirá de hecho las funciones de mayordomo personal, sin otra preocupación que limpiarle alguna mancha en los zapatos o en la indumentaria, servirle una taza de café, ayudarlo con los perros y satisfacer cualquier pedido que se le hiciera.

En este plan, López Rega, o "Lopecito", como comenzará a llamarlo Perón, no será más que un personaje que por su presencia constante resultará molesta para muchos personajes que visitaban al general en la quinta. Una especie de figura irritante, pero que, por otra parte, entendían "razonablemente" necesaria.

Después de todo, Perón estaba grande, con algunos achaques a cuestas y colmado de entrevistas, correspondencia y tareas de las que ocuparse. Un valet que lo acompañara diariamente no podía constituir una idea tan desacertada para nadie.

Servir para servirse

Como los perros, López Rega iba a dar unas cuantas vueltas antes de echarse. Esto es, iba a tardar todavía un tiempo más en ir a vivir a la mismísima quinta ocupada por el matrimonio Perón. Por entonces aún habitaba la misma José Crespo, padrastro de Isabel, en extendida visita a su "hija". Según el relato de Tomás Eloy Martínez, el hombre no tardó en notar...

"...que su tutela había perdido peso por influencia del hombre macizo y de tenebrosa mirada celeste que viajaba con ella. A don José le admiró que su ahijada, de naturaleza tan retraída, disfrutara dando órdenes y aceptase adulaciones tan incansables. ¿Permite que le lleve el bolso de mano, señora? ¿Le voy sacando a los periodistas de encima, señora? Crespo advirtió de inmediato que la destreza de su rival lo superaba. Tenía que obligarlo a retirarse cuanto antes".

Por su parte, Santiago Pinetta señala:

"Quienes visitaban la quinta en esa época describen a 'Lopecito' como un mero sirviente, devoto, cauto, empalagoso por momentos, en su paciente carrera por hacerse imprescindible. Apenas llegaba de su pensión a Puerta de Hierro, sacaba a pasear a los perros caniches del general... hacía compras, preparaba mate cocido, servía té y no tenía empacho en lavar alguna que otra prenda de sus señores".

No hay testimonio que deje de subrayar esta inclinación servil, en la que se mezclaba, extrañamente, cierto patetismo payasesco con una fidelidad de auténtico perro guardián.
Tomás Eloy Martínez subraya:

"Se instalaba en la quinta antes de la siete de la mañana y no se marchaba sino después de asegurarse que nada quedaba por hacer. Se afanaba en ser discreto y silencioso".

Pero las cosas comenzarán a cambiar paulatinamente, en parte porque López Rega emprendería con éxito algunos negocios. El propio Eloy Martínez señala:

"En octubre de 1966 instaló en la Gran Vía una oficina de importación y exportación. Asociado con una agencia de empleos que operaba en Bonn y Colonia, despachaba sirvientes y albañiles hacia las dos ciudades y recibía durante un año el tres por ciento de los salarios. No se esforzaba por reclutar a más de ochenta campesinos, pero aun así logró ir reuniendo una pequeña fortuna. Como estaba convencido de que a la suerte sólo se la retenía pagándole sus diezmos, apartaba siempre algún dinero para imprimir tarjetas postales con la efigie de Perón e Isabelita, que luego distribuía por el mundo entero. A principios de noviembre, López Rega comenzó a respirar ya con sus plenos pulmones de barítono. Abandonó la destartalada pensión de la calle de la Salud y se mudó a un departamento del barrio de Salamanca, donde educaba secretamente a Isabelita en prácticas de transfusión espiritual. No todo le salía bien, sin embargo. A veces, luego de una sesión feliz, cuando la discípula se aprestaba a marcharse, adiestrada ya en la estrategia de los perfumes y en los albedríos de los colores, López −Daniel, entonces− espiaba la calle a través de los visillos para asegurar la discreción de la visita, y solía tropezarse con la desmañada silueta de José Crespo en el cafetín de la esquina, con el rabo del ojo clavado en la puerta de su casa. Sin alzar la vista, Crespo lo saludaba con una inclinación de cabeza o un movimiento de manos, como si estuviese allí sólo para hacerse notar".

Así las cosas, la situación personal del siervo no tardaría en cambiar y la de Crespo también, pues abandonaría España. Para López Rega ya no se trataba de haber puesto un pie en el territorio íntimo del ex presidente. Desde la salida de Crespo, compartiría la misma morada del matrimonio Perón. Desde entonces y hasta la muerte del general, el 1° de julio de 1974, ambos vivirán prácticamente unidos, sin mayores periodos de distanciamiento personal.

Lopecito estaba en todos los detalles, siempre con ademanes ampulosos y expresiones de desmedido servilismo que generaban no pocas burlas del entorno casero del general y de su esposa, y de ellos mismos también. No obstante, nada de esto parecía molestarle a López Rega, y hasta en algún punto lo disfrutaba. Pero tanto servilismo comenzaría a convertirse en interferencia, sobre todo para aquellos que deseaban entrevistarse con el general de manera absolutamente privada o para aquellos que también pretendían poseer del líder una especial dedicación. Por supuesto, las controversias, malestares e, incluso, peleas no tardarían en aparecer.

El intermediario

Larraquy relata una de las tantas incomodidades que la presencia de López Rega va a producir en la quinta. Parece ser que un día el propio Perón halló al servicial ex policía llorando amargamente y, al requerirle los motivos, el hombre refirió haber recibido un deliberado maltrato de parte del historiador peronista Enrique Pavón Pereyra, una visita permanente en la casona, quien supuestamente "lo había tratado como un perro". ¿Qué había sucedido? López Rega quiso entregarle la correspondencia a Perón y Pavón Pereyra, que solía clasificarla, lo había frenado de manera terminante. La crisis suscitada debió contar con la intervención decidida del propio Perón, quien debió intervenir entre ambos para que el llanto de López Rega no volviera a repetirse. De alguna manera, para éste era todo un triunfo que el general saliera a interceder por su persona.

Paulatinamente, las tareas de López Rega se acumularon. Sin dejar de ser aquel servicial empleado de los inicios, sumaría sus primeras "responsabilidades" hogareñas, con o sin la anuencia explícita del matrimonio Perón. En algún tiempo más, incluso, se convertiría en la llave que permitiría o cerraría el paso más o menos inmediato al general. Comenzaba así una manipulación y un control que no dejarían de crecer.

Los avances del ex agente de policía serían más que efectivos cuando, además, comenzara a recibir "donaciones" para superar una supuesta situación económica de Perón signada por el apremio. Parece ser que estas "donaciones", o una parte de ellas, al menos, terminaban engordando el patrimonio personal de López Rega.

Por lo general, la sugerencia de realizar "donaciones" iba de la mano de posibilitar o no una entrevista con el líder e, incluso, según lo cuantioso de la donación, la entrevista podía extenderse por más o menos tiempo. No queda claro por qué Perón no lo reprendió con dureza cuando se enteró de que estos manejos eran frecuentes. Es posible que no fuera del todo ajeno a los mismos, que buena parte de las "donaciones" sirvieran, efectivamente, para financiar sus tareas, y que dejara que su lacayo se quedara con algunas monedas. Como fuere, lo cierto es que dichas prácticas le dieron a López Rega cierta legitimidad y poder. Para Perón, aquello no revestía mayor importancia; para sus visitantes, comenzaba a ser todo un tema. Y el conflicto con Jorge Antonio lo grafica sin equívocos.

Por entonces, Jorge Antonio constituía una pieza clave en el andamiaje de Perón en el exilio. Empresario de gran fortuna y probada fidelidad al general, era en buena parte la base de sustentación económica de Perón y una de las personas con más cercanía e influencia sobre el líder político. Desde este punto de vista y para López Rega, Jorge Antonio era todo un obstáculo a vencer. Y tras semejante evaluación, Lopecito iniciaría su campaña. Según cuenta Larraquy:

"Una tarde se presentó en su oficina de Paseo de la Castellana 56 y le dijo que sabía de su influencia sobre Perón, sólo equiparable a la que él mismo ejercía sobre Isabel. Pero como había encontrado a un Perón sin espíritu ni vocación por el retorno a la Argentina, en tanto éste definiera el rumbo de sus acciones, su propia misión consistiría en fortificar la personalidad de Isabel".

Acto seguido, López Rega le planteó a Jorge Antonio una especie de tarea del momento: sostener a la esposa de Perón sobre la base de la estrategia celestial de López Rega. Además, el empresario debería colaborar con los aportes económicos para llevar a cabo ese plan, por lo que desde ese momento debía proporcionarle una onerosa mensualidad.

Parece ser que la paciencia de Jorge Antonio duró bastante poco, tal vez lo necesario para intentar conocer qué había detrás de su interlocutor. Pero lo cierto es que, tras su propuesta, el ex agente sólo recibiría una tremenda descarga de epítetos, que lo tachaban, poco más, poco menos, de loco. Y Jorge Antonio sencillamente lo echó de sus oficinas. Santiago Pinetta va más allá y señala que "Jorge Antonio no aguantó lo que estimó una incalificable falta de respeto de Lopecito, y le sacudió algunas patadas".

Como fuere, la cuestión es que, desde entonces, el acceso del empresario a Perón fue cada vez menor, hasta que casi no pudo verlo, y mucho menos a solas.

La visión personal que López Rega comentó a Jorge Antonio merece una explicación especial. Efectivamente, parece ser que el policía jubilado creía ver en el líder a un hombre opacado, sin entusiasmo y carente del necesario empuje para emprender una nueva escalada hacia el poder. Lo veía demasiado atribulado por las luchas internas del partido e, incluso, demasiado preocupado en sostener algunas relaciones políticas que él, López Rega, no llegaba a entender. En verdad, no podía ser de otra manera, ya que Lopecito carecía de toda formación y trayectoria en esa dirección y entendía la política –técnicas esotéricas mediante– sólo como una vía más de las posibles para alcanzar los fines de luminosidad cósmica que tanto le preocupaban.

De alguna manera, lo que en Perón era una paciente espera y un permanente análisis del desarrollo de las fuerzas intervinientes en la política argentina, para López Rega era pérdida de tiempo y falta de templanza. Por supuesto, como sus esfuerzos para con el general no llegaban a cambiar la situación, depositó en el líder las culpas, mientras emigró hacia donde sí vislumbraba un éxito seguro: Isabel.

Error y reivindicación

Para Isabel, López Rega era ciertamente un hombre especial. Por lo menos creía ver en él a un sujeto espiritual capaz de infundirle una confianza y una protección que no había hallado en ningún otro colaborador cercano a su marido. Interesada en las cuestiones esotéricas y ocultistas, Lopecito se le representó como el soporte divino necesario, al que ella se entregó con libertad.

Hasta los primeros meses de 1968, López Rega va a esmerarse para encajar en la vida cotidiana del general Perón y de su esposa, realizando aquellas tareas menores con un esforzado protagonismo que hizo de su presencia una suerte de "mal necesario". Pero a su vez, López Rega intuyó que en ese rol anidaba un creciente poder, parte de una "misión" que la logia ANAEL le había encomendado: influenciar al líder exilado e iniciarlo en los caminos que tan secretamente se habían pactado.

No obstante, las cosas darían un vuelco impensado hacia abril, cuando una serie de negocios emprendidos por López Rega terminaron en el mayor de los fracasos, comprometiendo gravemente la confianza que Perón había depositado en él.

En efecto, el policía jubilado, que se había revelado también como un incipiente hombre de empresa, intentó algunos nuevos emprendimientos, presumiblemente para conseguir fondos para Perón y su esposa. En verdad, es más creíble pensar que la iniciativa de López Rega tenía por finalidad anular en todo lo posible la dependencia económica del general de otros individuos, lo que iba en detrimento suyo, por lo que Lopecito se entregó de lleno a tratar de medrar en el mundo de los negocios.

La suerte, la pericia, o ambas a la vez, le fueron esquivas. Sevil S. A. (y no "servil", como podría citarse en broma) era la empresa en cuya creación había participado López Rega poco antes de su partida a Madrid, empresa que se encargaría de exportar diferentes artículos que el ahora mayordomo de Perón se encargaría de colocar en España a través de la también propia Itagle S. A., empresa que fundó colocando a Isabel como presidenta de la misma.

Todo anduvo más o menos bien y sin complicaciones hasta que López Rega solicitó un crédito a un banco local, siendo la residencia de Perón la garantía al pedido. Al tiempo, cuando el crédito no pudo ser cancelado y el banco amenazó la propiedad, el líder se cansó de su nuevo ayudante y sencillamente lo echó de la quinta.

Según Larraquy, López Rega comenzó un triste deambular madrileño y se hospedó en la casa de un cantante de tangos,

Carlos Acuña, de quien se convirtió en una suerte de *valet* que lo atendía en cada una de sus necesidades, tal como antes había hecho con Perón. Parece ser que el cantante le tomó afecto a Lopecito en su desgracia, y como cada tanto Perón iba a escucharlo, una vez Acuña le pidió que volviera a tomarlo. "También pesó la presión de Isabel para hacerlo retornar –señala Larraquy–. Finalmente, Perón lo aceptó otra vez en la residencia."

Los planes del ex agente habían estado a un paso de deshacerse por completo, y ahora volvía a tener una oportunidad. Desde entonces, Lopecito se volvería más servicial que nunca, pero también más celoso de las visitas y relaciones de sus amos.

López Rega se ocupará de los quehaceres menores de Perón, pero también atenderá algunas cuestiones de su salud, que les eran incómodas a los demás. Como un perfecto enfermero, le hacía masajes prostáticos al general e, incluso, cuando aquél tenía problemas de esfínteres y ocasionalmente debía usar pañales para adultos, López Rega era el encargado de ayudarlo.

También para entonces, López Rega insistirá en sus ya conocidas intervenciones esotéricas, introduciendo en la quinta de Perón algunos rituales que el ex presidente gustaba tomar en sorna. Así, el mayordomo se convertía en "Daniel", Isabel en "Hermana Isabel" y hasta el propio Perón cambiaba de nombre, siendo llamado en ocasiones como "Faraón".

La cuestión esotérica iba a sumar una influencia más cuando López Rega viajara a Brasil para ser ordenado en el afro-brasileño *candomblé*, ritual que virtualmente lo consagraba como un mago de gran poder. Todo esto sucedía en un marco muy especial: se había iniciado la década de 1970, decisiva para el peronismo, para su líder máximo y, por supuesto, también para el servil nigromante.

El primer cambio notorio en la situación de López Rega va a darse muy rápidamente: su estatus de mayordomo cambiará al de secretario privado de Perón, un ascenso que habría que explicar más por los servicios de enfermería y *valet* de Lopecito que por otras cuestiones. Como fuere, era todo un ascenso, y con plus especial: un acercamiento de primera magnitud a las intimidades y planes políticos de Perón.

Para entonces, la presencia de López Rega al lado de Perón durante las entrevistas periodísticas o ante enlaces políticos era por demás habitual. El escritor Tomás Eloy Martínez va a recordar:

"A fines de 1970, Perón me invitó a que le hablara sin reservas, a que le formulara todas las preguntas que había retenido dentro de mí y que, por respeto o prudencia, no me había atrevido a exponer en voz alta. López Rega estaba adelante...".

También en aquellos tiempos, López Rega retomará nuevas iniciativas empresariales, a las que sumará una de corte periodístico: la publicación de la revista *Consumo Popular*, en la que va a publicar algunos trabajos esotéricos y va a ocuparse de los horóscopos. La publicación va a tener un condimento extra: los artículos de la propia Isabel.

Los tiempos se aceleran

La década de 1970 traía vientos de cambios. En la Argentina, la actividad de las organizaciones guerrilleras comenzaba a tener una relevancia de primerísimo orden, jaqueando a la dictadura de Alejandro Agustín Lanusse, encaramada en el poder desde marzo de 1971. Entre estas organizaciones destacaban algunas de origen peronista –las llamadas "formaciones especiales"–, que, junto a sus organizaciones hermanas y la creciente protesta obrera y estudiantil, sumieron en una profunda crisis política a la dictadura, en el marco de una campaña ascendente por el regreso de Perón al país.

Eran tiempos del Gran Acuerdo Nacional (GAN), salida política que las clases dirigentes locales habían pergeñado y en la que se debatía arduamente el rol del peronismo. Aunque éste estaba proscripto, todos miraban hacia Madrid a la hora de hacer política en la Argentina.

Así las cosas, el tránsito de enviados ante Perón creció considerablemente. Por supuesto, en este nuevo escenario, el rol de López Rega se multiplicaría. Lopecito estaba en todos los detalles: recibía llamadas personales, fungía de filtro, llevaba la lista de visitantes, organizaba agendas y repartía libertad de tránsito a las figuras que le convenían.

Perón no desconocía del todo las arbitrariedades y aun los abusos de su secretario, pero todo indica que las toleraba en función de otras virtudes suyas. Su poder creció tanto que Larraquy lo equipara con el de Jorge Daniel Paladino, secretario de Perón asignado a las negociaciones con los representantes de las Fuerzas Armadas.

Ciertamente, no todas las acciones de López Rega estaban signadas por servir a Perón o entablar sus especiales relaciones esotéricas, dentro y fuera de la quinta. Es indudable que el ex policía se arriesgaba a establecer ciertos entramados políticos que le dieran algún tipo de apoyatura personal, sobre todo, teniendo en cuenta que carecía de historia partidaria y de sectores que le respondieran directamente. Quedaba pendiente, pues, la tarea de crear esos lazos.

Así, durante algunos viajes esporádicos a Buenos Aires, López Rega se reuniría con dirigentes políticos y sindicales. Entre sus objetivos inmediatos estaba el de desdibujar el rol de Paladino y, en lo posible, desbancarlo. También establecería buenas relaciones con la burocracia sindical, particularmente con el dirigente metalúrgico Lorenzo Miguel.

La actividad en el refugio madrileño de Perón iba a agigantarse. En el marco de las negociaciones entre Perón y los militares argentinos, el cadáver embalsamado de Eva Perón fue recuperado y trasladado a Madrid.

Durante días, Perón, Isabel y López Rega pasaron horas ante el féretro, y los dos últimos no escatimaron rituales para que el espíritu de la "abanderada de los humildes" se fundiera con el de Isabel, a esa altura manipulada por "el Brujo" prácticamente a su antojo.

La influencia de López Rega era ya enorme, y resultaba muy difícil sortear su presencia para llegar a Perón o a Isabel sin interferencias. Había acumulado tal poder sobre el general y su esposa que ya nadie podía ignorarlo. Para muchos, se había convertido en un sujeto peligroso y conspirador. Para otros, era apenas un instrumento del general para irradiar a los indeseables.

López Rega, mientras tanto, sumaba adhesiones entre el aparato sindical y entre las huestes más declaradamente a la derecha del justicialismo, a la vez que cubría otra de las áreas de capital importancia en la estructura militante del peronismo, la doctrinaria, impulsada por una nueva publicación de inspiración claramente lopezreguista: *Las Bases*, una revista que se establecerá como "órgano oficial" del peronismo y en la que López Rega va a hacer fe de su credo fascista, identificándose sin más con el nacionalsocialismo.

Para entonces, las negociaciones con los militares argentinos también tenían sus problemas. Paladino había caído en desgracia y Perón había nombrado en su reemplazo al fiel odontólogo y viejo peronista Héctor J. Cámpora.

Corrían los últimos meses de 1972. En la Argentina era claro que ninguna crisis política del país iba a poder resolverse sin la presencia de Perón. En noviembre, el líder levantaría vuelo y abandonaría su exilio madrileño para regresar a la Argentina.

López Rega iba a estar a su lado.

Capítulo 4
DE MAYORDOMO A MINISTRO

El regreso de Perón va a constituir, para buena parte de las clases dirigentes argentinas, una salida política confiable o, por lo menos, la más confiable de todas. No obstante ello, la sola posibilidad del retorno del general y de un posible gobierno suyo crispaba los nervios de no pocos sectores caracterizados por su conservadurismo cultural y por su reacción política contra lo que era una insoslayable pretensión popular. En este sentido, era imposible evitar las múltiples respuestas que la emergencia del peronismo, nuevamente establecido de manera legal en la escena política argentina, iba a desatar en todo el arco social y político local.

Por supuesto, la conmoción involucraría también a los propios y diferentes sectores del peronismo, que se lanzarían, cada uno a su manera, a atribuirse el fin del exilio del líder, a la espera de un reconocimiento que evaluaban merecedor.

Así las cosas, primero de manera discreta, la derecha e izquierdas del peronismo velarían sus armas (y no sólo en sentido figurado), presionando para conquistar la hegemonía de una dirección que parecía peligrosamente compartida por las diversas expresiones del movimiento. Las expectativas eran inmensas y las mismas se confirmarían poco después.

En las elecciones presidenciales del 11 de marzo de 1973, casi la mitad de los votantes le dieron a Héctor J. Cámpora –candidato oficial del peronismo– un triunfo por demás holgado; de hecho, la fórmula encabezada por Ricardo Balbín, de la Unión Cívica Radical (el "radical" en la Argentina es un partido burgués, lejos de lo que su nombre significa en otras latitudes), saldría en un lejano segundo lugar con apenas el 21.3% de los sufragios.

El peronismo alcanzaba así una vez más el poder y, por el momento, a manera de un reparto de bendiciones más o menos equitativo, casi todos los sectores del movimiento iban a estar representados en el nuevo gobierno nacional. En verdad, no era más que una tregua de superficie. En el fondo, maduraba una batalla política de una dureza sin precedentes.

Hermanos en disputa

Cámpora, con quien tenían una especial empatía y concordancia política las llamadas "formaciones especiales" –básicamente las organizaciones militantes de la juventud, adscriptas a las diversas organizaciones político-militares–, va a estar secundado por el conservador Vicente Solano Lima, compañero de fórmula, primero, y, luego, vicepresidente. El gabinete, por su parte, estaría integrado por hombres cercanos tanto a la derecha como a la izquierda partidaria.

El reparto del poder había sido meticulosamente planificado por el propio Perón, asistido por el concurso de las diferentes fracciones en jornadas no exentas de tensión. En última instancia, todos los sectores se cuidarían de señalar la indiscutida autoridad del jefe histórico, quien se hallaba de alguna manera por encima de cualquier diferencia interna. En muy poco tiempo más se sabría que tal "independencia" no era tal.

Montoneros, organización armada sobre la que había pesado buena parte de la movilización juvenil y barrial de apoyo a Perón durante la campaña electoral, presionó sobre el líder para colocar a algunos de sus miembros en puestos clave del gobierno, actitud que Perón iba a acompañar de manera muy concreta con numerosas designaciones, aunque por lo bajo se lo escuchaba quejarse por lo "desmedido" del pedido.

Ceferino Reato señala que Perón, tras reunirse cinco veces con representantes de Montoneros tras el triunfo de Cámpora, caerá en la cuenta de que "la guerrilla que él había ayudado a crear con sus mensajes inflamados no estaba dispuesta a desarmarse en la democracia recuperada ni a obedecer mansamente su jefatura". De alguna manera, era el comienzo de una fricción que terminaría, poco después, en fractura.

No obstante, y por el momento, Montoneros obtendría enclaves de importancia en el nuevo gobierno, incluyendo ministerios, secretarías, un bloque propio de entre veinte a treinta diputados, la dirección casi completa de las universidades nacionales y algunas gobernaciones amigas, entre las que destacarían las estratégicas de Buenos Aires y Córdoba. Por otra parte, también se asegurarían aceitadas relaciones con el Ejército e, incluso, con el sector político oficial del peronismo presidido por Juan Manuel Abal Medina, apellido ilustre para la primera camada montonera.

Claro que la derecha peronista, identificada y asociada mayormente con la burocracia de los grandes gremios de la CGT (Confederación General del Trabajo), también se quedaría con una buena tajada del poder político, aunque la cartera de Economía descansaría finalmente en José Ber Gelbard, representante de la "burguesía nacional" y de estrecha relación con el comunismo local.

López Rega, que no tenía fracción política, económica, juvenil o sindical propia, contaba sólo con su influencia sobre Isabel y su esforzado trabajo siempre al lado de Perón. No parece este rol suficientemente importante como para recibir la titularidad de un ministerio tan caro para el peronismo como el de Bienestar Social, pero, ciertamente, Perón decretará la asignación, y el otrora policía jubilado tocará el cielo con las manos.

Las razones de un ministerio

Los motivos por los que Perón realizó semejante elección suelen ser centro de enormes polémicas. Las teorías que apuntan a una designación para satisfacer un pedido de Isabel no parecen tener siquiera seriedad, en especial, tratándose de un experimentado político que sólo daba pasos celosamente calculados.

No obstante, no debe subestimarse la importancia del valor subjetivo que el propio Perón le concedía a López Rega a partir de haberse convertido en una suerte de enfermero de tiempo completo, sobre todo, para resolver los asuntos más íntimos y molestos que debía sufrir el líder por sus problemas de próstata. Al menos, ésta parece ser la hipótesis de Abal Medina, quien le señalará al autor Martin Edwin Andersen cómo las atenciones de Lopecito a la salud de Perón se habían intensificado desde fines de 1972, al igual que su intervención en los asuntos políticos:

"Teníamos sesiones de trabajo que no duraban más de dos horas, al término de las cuales [Perón] estaba cansado. En aquel entonces [...] López Rega e Isabel comenzaron a asumir roles que no tenían hasta 1972. Ninguno de los dos había participado en ninguna de las reuniones políticas que se realizaron en casa del general. Pero, a partir de marzo, Isabel y López Rega comenzaron a participar en todas las reuniones. Hasta tal punto que eso llamó poderosamente nuestra atención".

De todos modos, tampoco la cuestión personal parece ser la decisiva, sobre todo, teniendo en cuenta que López Rega ya fungía de secretario personal, un cargo que no era, precisamente, poca cosa. Más determinante parece ser otro elemento, de carácter netamente político, que se sumará para la designación de López Rega al frente de un ministerio: su relación con la logia P2 (Propaganda Due), de extendida y creciente influencia en el universo político y económico europeo y estadounidense.

Dirigida por Licio Gelli –un empresario italiano que había vivido en Buenos Aires durante el primer gobierno peronista y que había amasado una enorme fortuna en la industria textil de su país–, la P2 era un centro esencialmente anticomunista, con inocultables inclinaciones hacia el fascismo italiano y el falangismo español.

Desde esta identidad política, la P2 y Gelli no tardaron en señalar como una de sus grandes preocupaciones la evolución política de América, un continente que ya había despertado "monstruos rojos" como la Cuba de Castro y el Chile de Allende, además de numerosos intentos populares en otros tantos países que, si bien no habían prosperado, tampoco habían desaparecido.

Gelli creía firmemente que Perón podía constituir la barrera que detendría al comunismo americano, aunque en su imaginario entendía que había que controlar los pasos del propio líder, quien en no pocas oportunidades había mantenido una relación de apoyo e incentivación para con las formaciones guerrilleras. En este sentido, el ideario de la P2 y de la logia ANAEL parecía asimilarse.

Gelli tenía en mente quién sería "su" hombre en el entorno más cercano de Perón: López Rega, a quien lo unía una misma inclinación por el ocultismo, las logias y la masonería. López Rega no dejó escapar la relación con un hombre tan poderoso y, por supuesto, se incorporó a la P2 sin ninguna resistencia. Como otrora con la logia ANAEL, ahora Lopecito haría lo imposible por hacer correr parejamente los designios de la P2 y los del nuevo gobierno peronista.

Un hombre agradecido

El mencionado autor Martin Edwin Andersen va más lejos en sus conclusiones y señala que la ascensión de López Rega en el gobierno recién electo constituyó parte de una negociación de nombres propuestos por Gelli, por un lado, y de un apoyo financiero generoso, por el otro, solicitado oportunamente por el propio Perón:

"Los nombres de ocho personas fueron sugeridos por la logia para puestos superiores en el tercer gobierno de Perón, entre ellos, los de los ministros de Relaciones Exteriores y de Bienestar Social y el del jefe de la Policía Federal".

Con el tiempo, se agregarán muchos nombres más. La relación entre Perón y Gelli se afianzará al grado de que el masón italiano terminará siendo condecorado por el presidente argentino con la Gran Cruz de la Orden de San Martín, la más alta distinción concedida por la Argentina.

Lo cierto es que la buena convivencia sellada entre Gelli y Perón catapultará a Lopecito; pocas carreras políticas comenzarán tan significativamente bendecidas. Muy pronto, el ex policía y mayordomo se encargará de iniciar la devolución de gentilezas, estableciendo un proceso de "depuración" que barrerá a la izquierda peronista de las cercanías a Perón.

Una ocasión sin par va a constituirla el regreso definitivo de viejo líder a la Argentina, el 20 de junio de 1973, cuando los grupos de la derecha peronista mantendrán con sus opositores de izquierda un enfrentamiento dantesco en los bosques de Ezeiza, provincia de Buenos Aires, en las inmediaciones del aeropuerto internacional.

Se tratará, en verdad, de una suerte de ensayo general de lo que muy pronto se expandirá por todo el cuerpo peronista: un enfrentamiento descarnado y violento entre las dos tendencias en pugna.

En Ezeiza van a operar con absoluta y cuidada planificación los grupos derechistas del peronismo, identificados sobre todo en el Comando de Organización y la CNU (Concertación Nacionalista Universitaria). Eran sus figuras más conocidas Alberto Brito Lima y Norma Kennedy, de impecables relaciones con la burocracia sindical, en especial, con la llamada Patria Metalúrgica, que sumará las bandas de "seguridad" (matones) de sindicatos y agrupaciones de posturas rabiosamente anticomunistas.

Unidos por su tirria contra los "bichos colorados", entre los que identificaba a la "zurda montonera", serán estos grupos los que se aprestarán a ocupar los principales lugares cercanos o pegados al palco desde donde se daría curso a la celebración del regreso del líder y desde el cual (era lo más probable) Perón dirigiría un discurso a las más de un millón de personas presentes.

Quienes tomaron a su cargo la logística del acto fueron los hombres del Ministerio de Bienestar Social, entre los que iba a destacar un ex militar, Jorge Osinde, a quien López Rega conocía desde hacía años atrás y había instalado muy cerca de sí.

Osinde hizo un planificado movimiento y desplegó francotiradores entre los árboles y en el palco mismo, además de tender un cerco de más de tres mil hombres aportados por la dirigencia sindical. Para cuando las columnas de Montoneros y otras organizaciones de la izquierda peronista avanzaran para posicionarse cerca del frente, sucedería lo previsto y preparado. Una balacera recibió no sólo a los enrolados en esas fuerzas, sino a cientos de otros peronistas independientes que iban a celebrar el ansiado y triunfal retorno de su líder. La masacre de Ezeiza se cobrará por lo menos trece víctimas fatales y una enorme cantidad de heridos, pero, además, va a constituir un punto de quiebre tras el triunfo de Cámpora.

A partir de entonces quedará completamente claro que se avecinaba un enfrentamiento de proporciones por la hegemonía del gobierno. Al respecto, anota Verbitsky:

"La masacre de Ezeiza cierra un ciclo de la historia argentina y prefigura los años por venir. Es la gran representación del peronismo, el estallido de sus contradicciones de treinta años. Es también uno de los momentos estelares de una tentativa inteligente y osada para aislar a las organizaciones revolucionarias del conjunto del pueblo, pulverizar al peronismo por medio de la confusión ideológica y el terror, y destruir toda forma de organización política de la clase obrera".

López Rega tuvo mucho que ver en el hecho. A su modo, había cumplido con su deber y devuelto la confianza depositada por la P2.

Los "infiltrados"

La reacción de Perón ante los sucesos de Ezeiza fue de sorpresiva condena para aquellos que supuestamente pretendían dominar el peronismo pasando por encima de él. Su discurso citará a los "que tratan de infiltrarse", una denominación que acompañará crecientemente el deterioro de su relación con Montoneros. También hará una advertencia clara que parecía tener el mismo destino:

"A los enemigos embozados y encubiertos o disimulados les aconsejo que cesen en sus intentos, porque, cuando los pueblos agotan su paciencia, suelen hacer tronar el escarmiento".

El autor Alberto Lapolla acota:

"En este caso, tampoco Perón actuaba porque sí: entre febrero y marzo de 1973, Roberto Quieto y Mario Eduardo Firmenich [dirigentes montoneros] viajaron a Madrid 'a apretar al Viejo'. Le plantearon que no se desarmarían, que no estaban de acuerdo con la política del Pacto Social, que querían trescientos cargos en su gobierno y que el líder juvenil Rodolfo Galimberti se había 'encuadrado' bajo su conducción, es decir, respondía a ellos y no a Perón. Quieto pidió además a Perón la lista de gorilas que había que ejecutar. La respuesta de Perón al 'apriete' fue Ezeiza, la defenestración de "Galimba" [el mencionado Galimberti] y el derrocamiento de Cámpora, con la aquiescencia cómplice del Tío [nombre cariñoso con el que los jóvenes de izquierda llamaban al presidente Héctor J. Cámpora]".

Verbitsky va a concluir:

"La izquierda peronista cometió errores que la condujeron indefensa al desfiladero del 20 de junio. Ignoraba que eran tan "peronistas" las posiciones de sus adversarios internos como las propias y planteó la pugna en términos de lealtad a un hombre cuyas ideas no conocía a fondo. No se detuvo a consolidar los avances conseguidos entre 1968 y 1973 ni a estudiar las reglas del juego de la nueva etapa. Imaginó que su mayor capacidad de movilización y organización de masas bastaría para inclinar la balanza en su favor frente a la dirigencia sindical burocrática. Creyó que sería posible compartir la conducción con Perón en cuanto éste reparara en su poder. Se acostumbró a interpretar la realidad política en términos de estrategia militar, pero no previó que se recurriría a las armas para frenar su marcha impetuosa. Fue a un tiempo prepotente e ingenua".

Mientras Montoneros continuaba su intento de acercarse sin mediaciones a Perón para cuestionar algunas de sus designaciones, en especial la de López Rega, Perón gustaba de replicarles con más de lo mismo. De hecho, a la movilización que el 21 de julio de 1973 la juventud organizó hacia la casona de Gaspar Campos, donde por entonces residía Perón, con la consigna de "romper el cerco del Brujo", Perón les contestó con la designación de una persona para mantener el contacto con ellos. Claro que el sujeto elegido por Perón sería nada menos que el mismísimo López Rega, lo que bien podía leerse como una auténtica manifestación de "aquí mando sólo yo".

La derecha en ascenso

Los sucesos de Ezeiza no sólo ahondarían la brecha entre Perón y lo que otrora él mismo denominara como la "juventud maravillosa", sino también entre Perón y Cámpora, de inocultable identificación con aquélla. De alguna manera, Ezeiza sentenciará la suerte de quien había, en nombre y representación de Perón, arrasado en las elecciones presidenciales.

Comenzará entonces un compás de espera para solucionar definitivamente algunas cuestiones. Para ello, Perón debía reunir en su figura todo el poder real. Cámpora, pues, debía ser desplazado, y en ello comenzará a trabajar López Rega.

La sucesión no era cosa sencilla. Lopecito contaba con la renuncia del presidente, por sus varias veces declarada fidelidad a los mandatos del jefe máximo expresados en la consigna "Cámpora al gobierno, Perón al poder", pero era necesario hacer recaer la presidencia provisoria en un hombre de absoluta confianza para el grupo conspirador; para éste no era cuestión de que algún sector afectado por el desplazamiento de Cámpora recurriera a algunos arbitrios legales que arruinaran la operación.

Había, pues, que forzar las cosas para que el ejecutivo provisorio cayera en manos de Raúl Lastiri, un hombre sin demasiadas luces que, por obra de su suegro (el mismísimo López Rega), había alcanzado la titularidad de la presidencia de la Cámara de Diputados.

Así las cosas, a la renuncia de Cámpora y de su vice, le debía seguir el desplazamiento del presidente del Senado, Alejandro Díaz Bialet, siguiente en la línea sucesoria, por lo que el buen hombre fue enviado sorpresivamente a Madrid para preparar la intervención argentina en una reunión diplomática que debía efectuarse en Argelia... ¡un mes y medio después! Posiblemente no debe haber en la historia diplomática del país una atención tan desmedida a una reunión de semejante carácter.

Con Díaz Bialet fuera del país, el camino estaba despejado, y finalmente la sucesión provisoria recayó en el nombrado Lastiri, cuyo paso por la historia nacional apenas será recordado por ese episodio y por la fantástica variedad de corbatas de las que gustaba hacer gala. Con semejantes capacidades, el grupo conspirador no podía temer que el control se le fuera de las manos. Efectivamente, Lastiri hizo sencillamente lo que Perón le indicó: en primer término, más depuraciones. Señala Rodolfo Terragno:

"La primera medida de Lastiri fue excluir del gabinete a los dos ministros que representaban a la izquierda peronista: [Esteban] Righi y [Juan Carlos] Puig. Dos derechistas, Benito Llambí y Alberto Vignes, asumieron entonces las carteras de Interior y Relaciones Exteriores. Enrique Bacigalupo, también sospechado de izquierdismo, fue separado de la Procuración General".

Y agrega Terragno:

"Cámpora fue derrocado. Su renuncia fue la formalización de un golpe de Estado (es decir, el acto por el cual el poder efectivo hace valer su supremacía sobre el poder formal) y fue, también, la derrota de una tendencia política que él había prohijado o, al menos, consentido".

La liberación de cientos de presos políticos acontecida bajo la presión popular al día siguiente de la asunción de Cámpora −acontecimiento conocido como el "Devotazo", pues se dio sobre todo en la cárcel de Villa Devoto− había irritado mucho a la derecha; ahora ésta la facturaba con creces.

El proyecto de sabotaje contra Cámpora terminaba así exitosamente, a poco menos de dos meses de que fuera investido como presidente. Pero los derechistas, López Rega entre ellos, iban por más.

Un cadáver divide las aguas

Para entonces, la salud de Perón era toda una cuestión de Estado. Por lo pronto, las indisposiciones del líder o se ocultaban o se hacían pasar como sin mayor trascendencia, cuando en realidad su vida estaba severamente jaqueada por un deterioro que la función pública extremaba aún más. El doctor Jorge Taiana (su médico personal, como lo había sido antes también de Evita) había intentado informar debidamente al gabinete sobre el tema, pero López Rega solía relativizar sus advertencias y decía, a quien quisiera oírlo, que si Perón se enfermaba, él lo sentiría en el cuerpo. Como eso no sucedía, explicaba con aires tranquilizadores, era evidente que el presidente gozaba de buena salud.

No obstante estos curiosos planteos de López Rega, la cuestión de la sucesión seguía vigente y el propio Lopecito era muy consciente de ello. Larraquy señala:

"López Rega mantenía una comunión de intereses con la CGT y las 62 Organizaciones [la estructura política del sindicalismo peronista], y así como en Ezeiza unieron fuerzas por primera vez, la nueva cruzada consistió en instalar a Isabel en la fórmula presidencial junto a su marido, para cerrar definitivamente el paso de los 'infiltrados'".

El biógrafo de Perón, Joseph Page, puntualizará al respecto:

"Esto fue también el fruto amargo de toda una vida en la cual [Perón] había preferido rodearse de subordinados mediocres. Perón había dejado que los bufones pulularan dentro de su círculo íntimo. En esta encrucijada fundamental, el bufón principal de la corte también, por añadidura, era un loco".

Con la renuncia de Cámpora se llamó nuevamente a elecciones y la fórmula fue "Perón-Perón", en alusión a que era su esposa quien acompañaba al líder. Sólo dos días después de que las nuevas elecciones presidenciales le dieran a Perón su tercer periodo al frente del Ejecutivo nacional, el metalúrgico José Ignacio Rucci, su delfín sindical y secretario general de la CGT, moriría acribillado a balazos en un atentado cuya autoría, aun sin adjudicársela públicamente, se supo correspondió a un comando de Montoneros.

Para este grupo armado, que se veía desplazado luego de haber contribuido al regreso del líder, la ejecución de Rucci debía funcionar como un aviso de peso para el general: los interlocutores debían ser ellos y no la burocracia sindical.

Perón sintió la intención del mensaje y la respuesta que dio, cuando a sus ojos quedó clara la responsabilidad de Montoneros, fue también de una dureza excepcional.

En definitiva, para Perón y su guardia pretoriana, el mensaje merecía una conclusión extrema: la urgencia de disciplinar bajo las condiciones que fueran necesarias a la otrora "juventud maravillosa", convertida ahora en una convidada de piedra que amenazaba arruinar los planes de buena parte de la dirigencia política local, peronista o no.

El 1° de octubre de 1973, es decir a poco menos de una semana de la muerte de Rucci, una reunión caracterizada como "reservada" convocó a casi toda la pléyade partidaria y gubernamental. Allí estaban Raúl Lastiri, convertido recientemente en presidente interino, el ministro del Interior, Benito Llambí, el inefable José López Rega, ministro de Bienestar Social, y una cantidad importante de dirigentes y cuadros medios y funcionarios. Todos ellos, por supuesto, presididos por el propio Perón.

La reunión y tan particular auditorio giraría en torno de una única cuestión: la puesta en marcha de una estructura especial que se encargaría, en lo sucesivo, de proteger al gobierno y al partido de los embates de la izquierda peronista, aquellos que cada vez con mayor asiduidad Perón castigaba con el mote de "infiltrados" e, incluso, traidores al auténtico ideario peronista.

En esa ocasión, el líder, aún demudado por el asesinato de su querido Rucci, subrayó con énfasis que se debía terminar de una vez y para siempre con la política de las "formaciones especiales", y que la amenaza del momento era, justamente, la pretensión de "copamiento" que aquéllas ensayaban en las más diversas instancias de poder.

Para Perón había llegado la hora del escarmiento, y si bien otras expresiones de Montoneros y organizaciones afines le habían provocado más de un malestar político en otras oportunidades, esta vez se sentía desbordado por completo. El asesinato de Rucci era un hecho que no estaba dispuesto a tolerar y, fiel a su experiencia política, decidió tomar la resolución del asunto con la mayor dureza y prontitud.

No resulta extraño que el documento surgido de aquella reunión señalara con claridad:

"El asesinato de nuestro compañero José Ignacio Rucci y la forma alevosa de su realización marca el punto más alto de una escalada de agresiones al Movimiento Nacional Peronista que han venido cumpliendo los grupos marxistas terroristas y subversivos en forma sistemática, y que importa una verdadera guerra desencadenada contra nuestra organización y contra nuestros dirigentes".

Alberto Lapolla señala:

"Según diría años más tarde [uno de los fundadores de la guerrilla montonera, Mario Eduardo] Firmenich: 'Le tiramos un cadáver sobre la mesa a Perón para obligarlo a negociar'. Parece que Perón no lo entendió así y apeló a sus 'viejos amigos' retirados y expulsados del Ejército argentino. No poseyendo fuerza propia en las fuerzas armadas, y no quedando claro de qué lado iban a jugar los 'muchachos de la JP' [Juventud Peronista] bajo su gobierno, Perón reaccionó como un viejo general nacionalista formado en Inteligencia y profesor de Estrategia. Creó su propia fuerza, que, seguramente, habrá pensado él, controlaría y usaría a su voluntad, cosa que ocurrió mientras vivió".

Ya veremos que esto último no parece tan cierto. Page, por su parte, señala:

"Todo indica que él [Perón] sancionó el famoso 'documento reservado', que podía ser considerado casi como una declaración de que la temporada de caza de herejes y subversivos quedaba abierta. Su gobierno no tomó a continuación ninguna medida para reducir la violencia desatada por los elementos de derecha".

Por supuesto, la fractura era imparable, aunque todavía no se oficializara. Faltaban aún unas pocas puntadas finales.

La inconciliable violencia

La respuesta de López Rega y su gente sería más rápida, y como no podía ser de otro modo, revestida con una operatoria clandestina y violenta. Una banda salida de una de las dependencias ministeriales de Bienestar Social comenzaría una caza que determinaría la muerte del militante de la Juventud Peronista Enrique Grinberg, quien, según algunos testimonios, había dado hurras por el asesinato de Rucci. La que luego sería formalmente la Triple A comenzaba así a operar con la impunidad que le sería característica.

Con las elecciones ganadas por más del 60% de los sufragios, la fórmula Perón-Perón se aprestó a tomar las riendas de la gobernabilidad. Perón contaba con 78 años y se sabía que no serían muchos más los que tendría por delante. Por lo pronto, aceptará sin mayores reservas el gabinete heredado de Lastiri —que él mismo había aprobado—, con la consecuente continuidad de López Rega en Bienestar Social. La derecha también sumará al conservador ex vicepresidente Vicente Solano Lima, ahora como rector de la Universidad de Buenos Aires.

El cambio de escenario era palpable. La izquierda había sido olímpicamente desplazada, aunque los problemas que ésta pudiera ocasionarle al gobierno no dejarían de estar presentes. Si hasta la renuncia de Cámpora la izquierda guerrillera peronista había decretado un cese de sus actividades militares —a diferencia del marxista PRT-ERP—, ahora con Lastiri, primero, y con Perón, después, su inactividad se convertiría en una crisis apenas soportable por buena parte de sus dirigentes y de las bases.

La derechización del gobierno era evidente y la organización Montoneros se hallaba en una encrucijada que la anulaba operativamente. Combatir militarmente al gobierno del general no parecía una opción que estuviera dispuesta a adoptar. Pero a sus decepcionados miembros los carcomía la derechización del líder, que parecía no tener límite.

El primer semestre de 1974, el último de la vida de Perón, va a caracterizarse por una profunda radicalización en el enfrentamiento entre la derecha y la izquierda peronistas y una creciente toma de partido del "Viejo" a favor de la primera, como así también de una postura de condena enérgica contra cualquier actividad guerrillera. De hecho, el ERP [Ejército Revolucionario del Pueblo, marxista] había sido declarado fuera de la ley desde el 24 de septiembre del año anterior. Su brazo político era el PRT, Partido Revolucionario de los Trabajadores.

El 19 de enero de 1974, el PRT-ERP atacará el Regimiento de Caballería Blindada de Azul, en la provincia de Buenos Aires, con una fuerza hasta entonces desconocida en operaciones urbanas: más de 70 combatientes. El saldo, luego de varias horas de refriegas, fue de varios muertos y heridos. La reacción de Perón fue inequívoca: endureció aún más su postura ante los sectores izquierdistas. Luciendo uniforme militar, el viejo líder señaló con dureza:

"Hechos de esta naturaleza evidencian elocuentemente el grado de peligrosidad y audacia de los grupos terroristas que vienen operando en la provincia de Buenos Aires ante la evidente desaprensión de sus autoridades. Estamos en presencia de verdaderos enemigos de la Patria, organizados para luchar en fuerza contra el Estado, al que a la vez infiltran con aviesos fines insurreccionales".

El mensaje, por supuesto, excedía al PRT-ERP y alcanzaba a las "formaciones especiales" peronistas y a sus aliados en el gobierno bonaerense de Oscar Bidegain; de allí la referencia a la "desaprensión de sus autoridades", definición a la que sumará altisonantes adjetivos como "incapacidad" y "tolerancia culposa".

La arremetida de Perón dará sus frutos y, dos días más tarde, el "renunciante" Bidegain (gobernador legítimo de la provincia de Buenos Aires, enrolado en la izquierda peronista) será reemplazado por el vicegobernador Victorio Calabró, un hombre de la burocracia metalúrgica.

A las claras, la derecha peronista dejaba a sus enemigos de la izquierda partidaria con cada vez menos espacios de poder en el gobierno y con menos legitimidad ante Perón, quien aprovecharía la situación para ir aún más a fondo en su intervención.

La juventud deja de ser maravillosa

El 22 de enero, es decir apenas tres días después del ataque del ERP y a dos de la renuncia de Bidegain, Perón va a encontrarse con una delegación nutrida de diputados identificados con Montoneros. La cita no era menor y tampoco el marco político nacional y la causa que los convocaba: debatir las objeciones de los dirigentes montoneros al proyecto de ley de reforma del Código Penal, presentado por el oficialismo para endurecer las penalidades contra las acciones guerrilleras. La reunión debía ser, según lo planeado por Montoneros, si no secreta, por lo menos de gran intimidad. Perón, en cambio, montó una escenografía en la que no faltó ninguna figura del gabinete y de los principales puestos del gobierno. Para colmo, la reunión fue filmada para los medios oficiales. El encuentro fue dramático para los diputados de izquierda, que escucharon auténticos sermones del líder, quien sin medias tintas les dijo frases como la siguiente:

"Nadie está obligado a permanecer en una fracción política. El que no está contento se va... Quien esté en otra tendencia diferente de la peronista, lo que debe hacer es irse".

Perón subrayó directamente la cuestión de la violencia y las maneras de abordarla institucionalmente. Y en una especie de gran lección pública, preguntará a sus interlocutores:

"¿Nos vamos a dejar matar? Lo mataron al secretario general de la Confederación General del Trabajo, están asesinando alevosamente, y nosotros con los brazos cruzados, porque no tenemos ley para reprimirlos".

La reunión prosiguió por caminos muy difíciles para los diputados de la izquierda, todos ellos sentados incómodamente frente a un Perón que, rodeado por casi todas las figuras de la derecha, les recriminaba el uso de la violencia "revolucionaria".

Fue entonces cuando el propio Perón señalará el deseo de su gobierno de continuar dentro de los márgenes de la ley, aunque haciendo una curiosa advertencia que no pasaría desapercibida para nadie:

"Si no tenemos la ley, el camino será otro, y les aseguro que, puestos a enfrentar la violencia con la violencia, nosotros tenemos más medios posibles para aplastarla, y lo haremos a cualquier precio, porque no estamos aquí de monigotes".

Por último, Perón va a señalar lo que para muchos puede ser una suerte de legitimación de la Triple A:

"Nosotros vamos a proceder de acuerdo con la necesidad, cualquiera sean los medios. Si no hay ley, fuera de la ley también lo vamos a hacer, y lo vamos a hacer violentamente".

La reunión concluyó con varios rostros demudados, y no resultó extraño que ocho de los treinta diputados cercanos a Montoneros terminaran renunciando a sus bancas. Aun así, Perón iría más lejos y los castigaría, reconvirtiendo sus renuncias en una declarada expulsión. Blandía entonces toda su energía y recuperaba la confianza de las clases dirigentes y los factores económicos de poder, temerosos de un descontrol absoluto.

Para López Rega, la reunión debió significar una suerte de bendición. Todo lo que venía haciendo contra los enemigos "bolches" y la "sinarquía internacional" bien podía ser interpretado como una estrategia aprobada por su jefe.

La política represiva de Perón iba a tener una nueva vuelta de tuerca, esta vez con la designación del comisario retirado Alberto Villar como segundo jefe de la Policía Federal. La escalada se completaría con un nuevo nombramiento: el del comisario Luis Margaride al frente de la Superintendencia de Seguridad de la Policía Federal.

La dupla Villar-Margaride constituirá desde entonces un ariete de fuerza contra las organizaciones de izquierda y los militantes populares, guerrilleros o no, y ambos serán responsables de las acciones clandestinas de represión que ejecutará la propia Triple A.

A río revuelto...

López Rega, mientras tanto, continuará con su trabajo de formación de una fuerza propia, entrelazando alianzas con diversos sectores políticos y sindicales, como así también creando una fuerza de choque para trabajos "especiales".

Además de estas actividades, Lopecito no dejará de ser el servicial *valet* de Perón, siempre dispuesto a limpiarle los zapatos con su pañuelo, un episodio que más de un testigo recuerda haber visto mientras Perón, entre risueño y burlón, no dejaba de decir: "Este Lopecito, este Lopecito...".

Pero, además, López Rega vigilaba celosamente al general y a Isabel, con quienes vivía en la quinta presidencial. Pinetta señala:

"En su pieza, López Rega contaba con intercomunicadores, teléfonos internos y directos: era su central operativa".

Cernadas Lamadrid y Halac, por su parte, agregan a propósito de aquel cuarto:

"...contaba con un micrófono cuya terminal estaba en la pieza del general Perón, lo que le permitía enterarse de los menores cambios en el estado de ánimo o de salud que se producían en el anciano líder".

López Rega también contaba con una legión de custodios o guardia personal, que llegaron a ser casi cuarenta hombres armados con sofisticación, todos ellos dispuestos a reportar cualquier novedad o movimiento a su jefe.

Durante ese tiempo, López debía ocuparse también de su ministerio. Después de todo, Perón mismo lo había colocado en esa estratégica función y cada tanto le reclamaba avances concretos. En su calidad de ministro, pues, López viajó a Libia, donde se entrevistó con Muhamad Kadafi y firmó varios acuerdos comerciales, políticos y culturales. Todas estas actividades tenían, en verdad, poca importancia en comparación con la meta real: la lucha por la hegemonía política en el gobierno.

Capítulo 5
LA TRIPLE A.
ORIGEN Y ORGANIZACIÓN

En la última reunión mantenida con los diputados de la juventud, Perón había sido lapidario. Como experimentado político que era, el presidente no gustaba de las rupturas a fondo, salvo que le fueran absolutamente imprescindibles. Es decir, que le dieran la seguridad de quedarse en una posición hegemónica. Y así obraba ahora frente a la "juventud maravillosa", la que en un periodo demasiado breve parecía haberse convertido en la expresión más acabada de la "juventud descarriada".

Todo indica, pues, que la fenomenal puesta en escena de Perón, brindándoles a los diputados de la izquierda peronista una paliza pública, tendía exactamente a despejar toda duda acerca de su liderazgo sin reservas y, sobre todo, sin condicionamientos.

En el escenario político, el más cómodo para Perón, se había desencadenado una nueva y altisonante batalla. Pronto le seguirán nuevas declaraciones y respuestas de uno y otro protagonista. Y algunos movimientos decisivos.

El enfrentamiento político entre la derecha y la izquierda peronista discurrirá también por otros caminos, y los estruendos no serán de salva.

Bien puede pensarse que López Rega entendió cada uno de los giros represivos de Perón como auténticas marcaciones de un escenario en el que él, en su momento, debía encender los fuegos y quemar a los herejes.

De hecho, no hay ninguna constancia de que Perón ordenara el inicio de la cacería, y menos aún de la manera en que la Triple A comenzó a hacerlo, pero tampoco quedan dudas de que fue el mismísimo Perón quien señaló en más de una ocasión la necesidad de irradiar a la izquierda partidaria y terminar de una vez por todas con las guerrillas revolucionarias. Y lo más importante y representativo: cuando una periodista interrogó a Perón sobre el terrorismo de derecha, el "Viejo" no sólo se desentendió del tema, sino que imputó a esa violencia el ser parte ella misma de la izquierda que, justamente, se debía irradiar. Por supuesto, la reacción de Perón no fue un episodio menor y demostró hacia dónde se inclinaban sus ataques y defensas.

El terror multiplicado

Ya hemos citado algunos hitos de la actuación primaria, iniciática, de la Triple A, como la masacre de Ezeiza y las operaciones contra Grinberg y el parlamentario Hipólito Solari Yrigoyen. Por supuesto, no fueron las únicas.

En verdad, entre los sucesos de Ezeiza y el atentado contra Solari Yrigoyen se multiplicarán las acciones contra los militantes y los locales de la Juventud Peronista, como así también contra otros pertenecientes a las organizaciones del amplio espectro de la izquierda local. Y si bien la sigla Triple A comenzará a difundirse a partir del atentado contra el senador radical, la forma de operar de las acciones precedentes estará marcada por una misma modalidad: acciones rápidas, sorpresivas, extremadamente violentas y con un doble posible final, la tortura o el asesinato de los secuestrados, por lo general con un altísimo consumo de municiones.

También por entonces, los responsables de esas acciones comenzarán a utilizar granadas y cartuchos de dinamita. La tendencia criminal de estos actos preliminares tampoco conocerá escrúpulos en cuanto a géneros y edades de las víctimas se refiere, ni a pertenencias religiosas, sociales ni culturales. Finalmente, la actuación de estas bandas asesinas se llevará a cabo en varias localidades y ciudades de la provincia de Buenos Aires y otras de gran actividad militante; en sindicatos, universidades y barriadas de las vecinas Córdoba y Santa Fe.

Así, en el breve periodo consignado, se registrará el secuestro y tortura de Cirilo Heredia, de la Juventud Peronista de

Mendoza, y otros militantes serán detenidos en dependencias clandestinas de la Policía Federal y de la Policía de la provincia de Buenos Aires. Entre los asesinados se contarán los militantes peronistas Horacio Oróstegui y Nemesio Aquino, entre otros, y abundarán los ametrallamientos y atentados explosivos contra locales políticos, como el local de la Juventud Peronista de Moreno, el local del Frente Antiimperialista por el Socialismo (FAS) de San Fernando y el de la JP de Rosario, entre muchos otros. Pero volvamos a los inicios mismos de la Triple A.

Para cuando Perón fue electo presidente de la nación por tercera vez, en la Argentina pululaba un importante grupo de organizaciones de identidad derechista, alguna de las cuales había alcanzado mayor desarrollo tanto ideológico como funcional, pero todas ellas de irrenunciable tinte anticomunista.

Estas organizaciones también iban a distinguirse entre sí por su origen social y político. Así, por ejemplo, se hallaban las huestes sindicales, aparatos de seguridad tanto de la poderosa Unión Obrera Metalúrgica (UOM) como de la CGT, cuya competencia pasaba más por la disposición de fondos y hasta por cuestiones de liderazgos personales que por estrategias políticas. Estos "peronistas de Perón", como gustaban autoproclamarse, habían hecho de la "patria sindical" una consigna de hierro que reivindicaba por sobre todas las cosas su propio protagonismo en el armazón político del movimiento. Por supuesto, identificaban como sus enemigos excluyentes a los "bichos colorados", eufemismo con el que denominaban prácticamente a cualquiera que cuestionara la legitimidad y continuidad de la dirigencia sindical.

Además de la guardia pretoriana sindicalista, existía un ramillete de organizaciones de la derecha "ilustrada", por así decirlo, que, identificadas con el peronismo nacionalista, tomaban como herencia doctrinaria el nacionalismo católico y falangista, crecido a lo largo de las décadas del 50 y del 60, constituyendo organizaciones como la Alianza Libertadora Nacionalista (ALN), el Movimiento Nacionalista Tacuara (MNT), la Unión Nacional de Estudiantes Secundarios (UNES), el Sindicato Universitario de Derecho (SUD), la Guardia Restauradora Nacionalista (GRN) y el Movimiento Nueva Argentina (MNA), entre otros.

En la década del 70 y en los albores del que sería el último gobierno del general Perón, la mayoría de aquellos grupos se había reconvertido en otros tantos, como la Concentración Nacional Universitaria (CNU), el Comando de Organización (CdO) y el Movimiento Federal (MF) del estanciero Manuel Anchorena, organizaciones que nuclearon a veteranos nacionalistas y noveles cuadros apadrinados por sus nuevos y poderosos socios: la burocracia sindical, por un lado, y el Ministerio de Bienestar Social de López Rega, por el otro, este último siempre dispuesto a otorgar trabajos, promociones laborales y dinero.

De alguna manera, puede decirse que existía una auténtica federación de grupos de derecha, cada uno con sus jefes y padrinos políticos y financieros, y con un más o menos bien organizado plantel de hombres dispuestos a la acción. La logística, cuando no era propia, les era debidamente proporcionada.

La derecha cohesionada

La principal característica de esos grupos sería su subordinación operativa a estructuras políticas y sindicales de gran envergadura, las que se encargarían de garantizar su mantenimiento. Así, por ejemplo, la Unión Obrera Metalúrgica reclutaba militantes de las ex Tacuara y Guardia Restauradora, como así también de la CNU y el Movimiento Federal. También se abonarán con hombres de probada fe anticomunista las filas de la Juventud Peronista de la República Argentina (JPRA) y las oficinas de la revista *El Caudillo*, ambas creaciones recientes del inefable ministro de Bienestar Social.

Complemento de esas armazones particulares sería la incorporación de una auténtica banda de lúmpenes a sueldo, en general delincuentes comunes y ex agentes de la policía exonerados en su momento por las probadas actividades delictivas en las que se habían visto comprometidos.

Pese a las diferencias y disputas que mantuvieron entre sí, estos grupos mostraron hasta dónde podían aunar esfuerzos para combatir lo que consideraban su enemigo común: la "zurda" peronista y todo el arco militante popular. En ese sentido, Ezeiza resulta un ejemplo contundente.

Más tarde, ya electo Perón como presidente y asesinado Rucci, el conjunto de las agrupaciones derechistas van a nutrir las filas de una organización que tomará como objetivo central la eliminación lisa y llana de sus enconados enemigos políticos. Esa organización será la Triple A, a la que van a concurrir hombres de prácticamente todos los grupos citados. Ignacio González Janzen señala al respecto:

"Muerto Rucci, López Rega asumió la jefatura de la federación derechista. [Lorenzo] Miguel [titular de la poderosa UOM, Unión Obrera Metalúrgica] no se la disputó: prefirió aparentar una neutralidad que le permitiera 'negociar la posguerra'. Pero sus tropas permanecieron activas, al servicio de esa 'policía interna' que comenzó a secuestrar, torturar y asesinar antiguos y nuevos militantes peronistas, así como activistas de los partidos de izquierda".

En general, todos los investigadores del tema coinciden en señalar a López Rega como el jefe indiscutido de la Triple A, aunque se identificarían dos núcleos centrales. Por un lado, el organizado por el propio López Rega en el Ministerio de Bienestar Social; por el otro, la vertiente policial incorporada a través del comisario Villar. Pululaban además otros pequeños núcleos o comandos que, integrados mayormente por delincuentes comunes y ex policías, eran subsidiarios de los anteriores. Pero vayamos por partes.

El gusto del poder

López Rega, como dijimos, no perdió tiempo y comenzó a construir desde su ministerio un poder propio. Para ello repartía generosamente puestos políticos a sus aliados de la CNU y a los "cadeneros" del CdO, y ubicaba en lugares estratégicos a miembros de la P2 y a otros obsecuentes que exaltaran públicamente sus virtudes, como el periodista Jorge Conti.

Las operaciones de Lopecito en los medios no terminarían allí. Sería también parte de su equipo Felipe Romeo, un ex miembro de la nacionalista Tacuara que comenzaría a editar un medio de prensa a la medida de su nuevo jefe. *El Caudillo* aparecerá en noviembre de 1973 y, desde entonces, hará gala de un nacionalismo extremo, emprendiendo los más radicales ataques contra Montoneros y contra cualquier otra organización de la izquierda peronista. En sus páginas sólo se hablaba de acabar con los enemigos de la patria. Por si quedaba alguna duda sobre quiénes eran esos enemigos, ese medio va a editorializar en diciembre de 1973, bajo el subtítulo "Los tontos":

"Los tontos aventureros, idiotas útiles, y otros yuyos que aún crecen en la entrecasa de la Patria son trabajo para el jardinero. Separar el trigo de la cizaña es un trabajo que nos toca a nosotros, los que somos jóvenes. Los que nos siguen en edad, tienen que darnos el fusil que llevaron hasta ahora y prepararse para gobernar. Nosotros velamos por las armas. A los mayores les toca afianzarse doctrinariamente para administrar sabiamente. Esta juventud argentina quiere puestos de lucha para proteger el proyecto peronista del país".

Los esfuerzos de López Rega se consagrarían con la creación de la Juventud Peronista de la República Argentina (JPRA), más conocida como "Jotaperra", cuya dirección va a recaer en Julio Yessi, quien además va a ocupar la dirección del INAC, el Instituto Nacional de Acción Cooperativa, por orden expresa de Lopecito.

Por supuesto, la Jotaperra nacerá como contraposición a la Juventud Peronista, afín a Montoneros, de la misma manera que, también por entonces, la burocracia metalúrgica animará a la Juventud Sindical Peronista (JSP), estructura al servicio del matonaje, contra la Juventud Trabajadora Peronista (JTP), de orientación izquierdista.

En pocas palabras, López Rega había logrado articular una serie de alianzas tácticas que sostenía con los recursos económicos del Estado, a través del Ministerio de Bienestar Social, y lo había hecho eficaz y rápidamente.

Pero además de esta armazón organizativa y propagandística, López Rega iba a estructurar una banda de choque formada por sujetos de probada "eficacia" en el complicado arte de la provocación, el secuestro, la tortura y, por supuesto, el asesinato. Algo así como un pequeño, pero poderoso, ejército personal, que respondería a pie juntillas cada una de sus órdenes. El antiguo cantor barrial saboreaba ahora las mieles de un cruento poder.

Gente de probada eficacia

Salvador Horacio Paino, miembro pionero de la Triple A y jefe de Organización y Administración de Prensa, Difusión y Relaciones Públicas del Ministerio de Bienestar Social, declarará posteriormente en los tribunales que fue efectivamente López Rega quien lo había convocado para:

"...organizar a todo el personal de la custodia para crear un dispositivo de seguridad eficaz. Que dicha organización debía hacerse en lo posible por el sistema de células, que aunque se conocían entre ellos, no supiera un determinado grupo qué es lo que iba a hacer el otro".

López Rega le ordenaría, pues, la creación de:

"... una organización que respondiera a las necesidades que estaba imponiendo la acción de la guerrilla y de cierto tipo de prensa".

En ese sentido, todo indica que fueron los miembros del ejército personal de López Rega los que formaron el núcleo operativo inicial de la Triple A, todos ellos bajo la cobertura legal de ser custodios del Ministerio de Bienestar Social y de la Presidencia de la Nación.

Entre ellos figurarán hombres de la talla del subinspector Rodolfo Almirón y el subcomisario Juan Ramón Morales, quienes, como señala Verbitsky:

"...habían sido dados de baja deshonrosamente de la Policía Federal, procesados y encarcelados por ladrones, mexicanos, coimeros, contrabandistas, traficantes de drogas y tratantes de blancas".

Serán estos sujetos los encargados de levantar en los mismos sótanos del ministerio un auténtico arsenal de enormes proporciones, equipado con armas traídas del Paraguay y de Libia, pagadas todas ellas con los dineros públicos. Las radiografías de Morales y Almirón retratan a la perfección la factura de los integrantes de la Triple A.

Jefe de la Brigada de Delitos Federales de la Policía Federal a comienzos de los años 60, Morales era el monumento a la corrupción. Junto a otros policías que le eran cercanos, se asociaría con la banda del conocido delincuente Miguel "el Loco" Prieto. Dice el periodista e investigador Ricardo Ragendorfer:

"Miguel Alberto Prieto era hermano de Domingo, otro peligroso asaltante que murió acribillado por la policía en 1960. El Loco, por su parte, tenía un florido historial; se le adjudicaban más de cien asaltos, alrededor de diez homicidios y algunos secuestros extorsivos. Últimamente se había volcado al *mejicaneo* de botines ajenos y todo tipo de bienes mal habidos... Lo cierto es que no le iba nada mal con el negocio. Pero necesitaba protección policial".

Y muy pronto contaría con ella. Prieto y su banda, auténtica obsesión del mítico comisario Evaristo Meneses, se relacionarían con varios oficiales de la División Robos y Hurtos de la Policía Federal, entre los que se destacarán los ya presentados Juan Ramón Morales, Alfredo Almirón y Edwin Farquharson. La protección, claro está, no era gratuita, y las cosas continuarían funcionando en tanto los dividendos fueran proporcionalmente más grandes que las complicaciones.

Las cosas comenzarían a quemar a mediados de los 60, a partir de una serie de acontecimientos que pondrían al descubierto la trama secreta de los policías corruptos.

La primera nota la daría el propio Almirón. En junio de 1964 asesinó a balazos a un teniente de la marina de los Estados Unidos mientras ambos se encontraban en una confitería nocturna de Olivos, en la provincia de Buenos Aires. No se sabe bien qué relación unía al muerto con su matador, pero lo cierto es que el crimen fue asumido por Jorge Vicente Labia, quien tiempo después fue absuelto, al igual que un compañero suyo.

No menos escandalosa sería la detención, poco tiempo después, de Edwin Farquharson, quien fue apresado *in fraganti* en un intento de extorsión. Para colmo de males, en el momento de su detención, Farquharson conducía un automóvil robado justamente por la banda de Prieto, lo que dejaba al descubierto la conexión entre unos y otros.

Condenas, rescates y ascensos

Por entonces llamaría la atención otro hecho espeluznante: la reiterada aparición de integrantes de la banda de Prieto brutalmente asesinados. Dice Verbitsky:

"Adolfo Caviglia y su mujer, Julia Fernández; Luis Bayo, Morucci, Emilio Abud, Alfonso Guido, Fleytas, Máximo Ocampo son algunos de los antiguos socios de Morales y Almirón que aparecieron en basurales y baldíos con centenares de perforaciones de bala y las manos atadas y quemadas".

Evidentemente, tras la detención de Prieto y la desarticulación de la banda, los oficiales que otrora los habían protegido decidieron acabar con sus socios, temerosos de que en su afán de negociar alguna otra protección o reducción de pena aquellos pudieran contar lo que sabían. Así las cosas, la banda de Prieto fue virtualmente cazada y silenciada, sin que sus asesinos fueran jamás detenidos. A el Loco no le iría mucho mejor y terminaría quemado vivo en la cárcel de Villa Devoto, en enero de 1965.

Morales, Almirón y Farquharson, por su parte, no pudieron ocultar por demasiado tiempo sus correrías y fueron expulsados de la institución policial entre 1968 y 1970.

Curiosamente, fueron rescatados del olvido por los buenos oficios del presidente interino Raúl Lastiri (recordemos, yerno de López Rega), quien autorizó por decreto a la Policía Federal a convocar al servicio efectivo y por un plazo de seis meses a Morales y a Almirón. Ese plazo podía ser renovado si eso fuera conveniente para la institución. Por supuesto, la ampliación del tiempo estaba dispuesta de antemano, relocalizándose a los policías como asesores del Ministerio de Bienestar Social.

Parece ser que tanto Morales como Almirón hicieron un excelente trabajo; al menos ésa fue la opinión del jefe de la Policía Federal, que dispuso el ascenso a comisario inspector para el primero y a subcomisario para el segundo.

Paralelamente a la estructura armada por López Rega, se irá conformando otra de muy similares características, tanto ideológicas como operativas. Se tratará de la dirigida por el comisario Alberto Villar, un auténtico veterano en las luchas contra insurgentes, que para entonces había acumulado varios blasones a su favor en estas lides.

Heroicos cruzados

De hecho, en 1971 Alberto Villar había estado al frente de las tropas enviadas a Córdoba para reprimir las huelgas y movilizaciones que conmovieron al país, conocidas como el "Viborazo", y en 1972 había encabezado la represión y asalto a la sede central del Partido Justicialista, donde eran velados los restos de varios guerrilleros asesinados en la base naval Comandante Zar, tras su fuga del penal de Trelew.

Semejante operativo le había bastado para pasar a retiro por orden del gobierno de Cámpora, pero fue exhumado del destierro por el propio Perón, que en mayo de 1974 lo instituyó subjefe de la Policía Federal, junto al comisario Luis Margaride, desde entonces Superintendente de Seguridad de la Policía Federal.

También Margaride tenía una foja de servicios llamativa, especialmente por haber encabezado la represión contra la huelga de obreros de la carne (en gran proporción peronistas) del frigorífico Lisandro de la Torre, en 1959. Alguna vez, Perón defendería públicamente a estos dos represores confesos diciendo que, si bien las imputaciones eran ciertas, también "eran buenos policías".

La incorporación de Villar llenó de satisfacción a López Rega. En verdad, las cosas entre ambos hombres iban a terminar bastante mal, pero, por el momento, la designación de Villar le resultará absolutamente funcional a sus planes.

El nuevo cruzado venía a reemplazar al general Miguel Ángel Iñiguez, un peronista veterano que se había opuesto deliberadamente a que Perón ascendiera a López Rega a comisario general, lo que consideraba todo un despropósito. Pero Perón continuará con su decisión y efectivamente, ascendió a su *valet* por gracia de un decreto del PEN (Poder Ejecutivo Nacional) el 3 de mayo de 1974. Semejante asignación causará, como es de prever, un auténtico revuelo en la fuerza, y fueron varios los que debieron pasar a retiro por mostrarse contrariados por la orden presidencial.

La designación de López Rega como comisario general no era un tema menor y superaba con creces el malestar que podía ocasionar en toda la oficialidad, que asistía azorada a la entronización de un cabo o sargento, según la fuente, en la máxima categoría de la institución, por sobre la lógica de cualquier escalafón. Para Lopecito esa instancia era poner nuevamente un pie en la Policía Federal, requisito fundamental para sus planes de control de la represión en general y de reclutamiento de experimentados represores para su propio ejército en particular.

Además, ya en el ámbito estrictamente subjetivo, la promoción satisfacía sus deseos más delirantes. Se le atribuye una frase que si no es cierta, es totalmente ajustada a su personalidad:

"El Ejército lo tuvo a San Martín, la Marina a Brown, la Aeronáutica a Newbery. La Policía no tenía a nadie... Ahora me tiene a mí".

La trama se va armando

Pasado entonces a retiro Iñiguez, Villar se hizo cargo de la Policía Federal. Según refiere González Janzen:

"El comisario Villar se rodeó de la escoria de tres generaciones de policías: un centenar de hombres en su mayor parte dados de baja deshonrosamente, procesados e incluso encarcelados por delitos comunes, desde el asalto a la extorsión, el contrabando, el tráfico de drogas y la trata de blancas".

Más conocido como "Tubo" o "Tubito", Villar constituyó su propio grupo operativo con el pretencioso nombre de "Los Centuriones", pero mantenía un permanente contacto con López Rega a través del jefe de Seguridad del Ministerio de Bienestar Social, nuestro ya conocido Morales. Según señalará el ex agente policial Peregrino Fernández, a Villar lo secundaban varios hombres de la repartición, como el principal Jorge Muñoz, el inspector Jorge M. Veyra, el inspector Gustavo Eklund, el subinspector Eduardo Fumega, el inspector Félix Farías y el principal retirado Tidio Durruti. También iba a señalar al periodista Antonio Rodríguez Villar, posteriormente director en México de las afamadas *Selecciones del Readers' Digest*.

En su declaración de 1983 ante la Comisión Argentina de los Derechos Humanos (CADHU) —organismo fundado en Madrid por los abogados Gustavo Roca y Eduardo Luis Duhalde—, Fernández señalaría que la principal actividad del grupo organizado por Villar era "la eliminación física de opositores políticos y sindicales y la ejecución de tareas delictivas para la propia provisión de recursos económicos a sus integrantes".

Confirmaría que habían sido ellos los responsables de los asesinatos del diputado Rodolfo Ortega Peña, del profesor Silvio Frondizi y del ex jefe de la policía de la provincia de Buenos Aires, Julio Troxler. Fernández confirmaría, además, que los hombres de Villar intervenían activamente durante la represión ilegal en el conflicto sindical declarado en la localidad de Villa Constitución, provincia de Santa Fe, donde trabajadores de las empresas Acindar, Metcon, Vilber y Marathon fueron secuestrados y torturados en dependencias de la propia Acindar, por entonces gerenciada por el futuro ministro de Economía de los golpistas de 1976, José Alfredo Martínez de Hoz. El ya varias veces citado Martín Andersen relata:

"El 20 de marzo de 1975, a las 7:30 de la mañana, una caravana de Ford Falcon sin chapas, patente, venidos de San Nicolás y Rosario, convergieron sobre la Villa. Los más de cien vehículos contenían quinientos hombres armados hasta los dientes. Muchos no trataron de ocultar su identidad. Otros llevaban capuchas, anteojos oscuros o se cubrían la cara con pañuelos".

La presencia de Villar le va a conferir a la represión clandestina un ingrediente distintivo que Larraquy va a ubicar como un anticipo del llamado "Plan Cóndor", es decir, de la acción del terrorismo de Estado prohijada por las dictaduras del Cono Sur en la segunda mitad de la década del 70 e inicios de la siguiente. Dice el autor:

"Villar tenía una visión internacionalista para la aniquilación del marxismo y la guerrilla. Por ese motivo, todavía como subjefe policial, estableció un acuerdo secreto con los organismos de seguridad de Bolivia, el Uruguay y Chile para perseguir a los refugiados de esos países que escapaban de la represión militar. El acuerdo facultaba a los policías extranjeros para actuar ilegalmente en la Argentina contra los exiliados; creaba una central de informaciones con una base de datos de militantes de izquierda, sumaba agregadurías legales o 'especialistas en la lucha antinarcóticos' en las embajadas para tareas de espionaje, etcétera".

Habrá otras estructuras de la Triple A, algunas de las cuales se hallarán en dependencias del Ministerio de Bienestar Social. De hecho, el teniente coronel (RE) Jorge Manuel Osinde se desempeñaba en la Secretaría de Deportes; Julio Yessi, en el Instituto Nacional de Acción Cooperativa; y Jorge Conti, Roberto Vigliano, José Miguel Vanni y Salvador Paino, en Prensa. También en las oficinas de *El Caudillo* se hallaba una suerte de cuartel, donde Morales y Almirón solían diseñar sus operaciones.

Un admirador del *Führer*

Pero entre tantos núcleos afines y bajo la tutela de López Rega, va a destacar otro de características delictivas tan claras como las descriptas en Morales y Almirón. Se trata de la banda de Aníbal Gordon. Esta "pata" de la Triple A va a tener una importancia particular, en tanto será posteriormente incorporada a la represión clandestina del llamado Proceso de Reorganización Nacional, cuando, a las órdenes del general Otto Paladino —a quien el periodista e investigador Juan Salinas sindicaliza como uno de los fundadores de la Triple A– se conviertan en los amos de la vida y la muerte en el centro clandestino de detención "Automotores Orletti", donde el propio Gordon tendrá una oficina decorada con un retrato de Hitler y una cruz esvástica.

La banda de Gordon se había establecido en los primeros años 70 en la ciudad entrerriana de Colón, una especie de cuartel general donde diseñaban sus planes delictivos. Era habitual verlo recibir avionetas de pequeño porte en el aeroclub de la ciudad y luego partir, a veces en caravana de varios automóviles. Para entonces había formado una banda compuesta por Alejandro Enciso, Eduardo Rufo, Eduardo Rico, Marcelo Gordon, Ernesto Lorenzo, Carlos Membrives y Juan Rodríguez, entre otros.

No obstante su radicación en Colón, la banda operaba en las provincias de Buenos Aires y Córdoba, donde realizaban innumerables secuestros extorsivos. La suerte de Gordon va a ser errática durante varios años, incluyendo la clandestinidad obligada y la prisión. Pero el 25 de mayo de 1973, tras ser puesto en libertad (irónicamente) durante la amnistía camporista –cursaba pena por asaltar una financiera–, todo iría a cambiar para él.

De pasado nacionalista (o directamente nazi), Gordon fue reclutado por el propio López Rega para estar al frente de uno de los grupos operativos de la Triple A, y tuvo una activa participación durante la aludida represión desatada en Villa Constitución en 1975, cuando uno de los conflictos sindicales más emblemáticos de la década puso en jaque la legitimidad de la burocracia sindical.

Tras la caída del Brujo, Gordon emigraría a España, pero regresaría al país tras el golpe militar del 24 de marzo de 1976, para ponerse a las órdenes del general Paladino, de la SIDE (Secretaría de Informaciones del Estado). Allí haría carrera junto a otros reconocidos delincuentes de la talla de Eduardo Rufo y Raúl Guglielminetti, sembrando de torturas y muerte las instalaciones del campo de concentración llamado Automotores Orletti. Esto señala cómo la organización montada por López Rega sirvió de antecedente y "semillero" de los crímenes futuros.

La reinstalación de la democracia va a encontrar a Gordon trabajando para una agencia de seguridad del propio Paladino, desde donde continuaron realizando robos y secuestros extorsivos. La muerte lo sorprendió en prisión, entrada ya la década del 80.

El esqueleto de la muerte

Un primer volante de la Triple A señalaba sus distintos componentes operativos, identificados de la siguiente manera:

Agrupación Antimarxista Argentina: Comando Viola; Comando Villar; Comando Juan Manuel de Rosas.

Agrupación Antimarxista Argentina: Comando Regional Córdoba; Comando Regional Buenos Aires; Comando Regional Tucumán; Comando Regional Rosario.

Libertadores de América: Comando Capital Federal; Comando Cáceres Monié.

El organigrama de la organización incluía especialidades como:
- Conseguir los vehículos operativos.
- Manejar y distribuir los fondos.
- Atender a los torturados en los sótanos del ministerio.
- Establecer enlaces entre los grupos operativos y los de apoyo.

Se trataba de toda una meditada organización. Según las declaraciones que Paino hizo en 1976, Jorge Conti era una pieza clave en la distribución del dinero para conformar la logística operativa de la Triple A. Establecido en la televisión argentina como un reconocido periodista y conductor, a Conti se le imputará el desvío de parte del presupuesto del informativo *Sucesos Argentinos* hacia *El Caudillo*, y desde las oficinas de la publicación directamente hacia los contrabandistas de armas y los bolsillos de los "operativos", como Morales y Almirón, entre otros.

Siempre según Paino, las armas eran compradas en la localidad paraguaya de Pedro Juan Caballero, especialmente las dotaciones de ametralladoras *Sterling* y sus debidas municiones y silenciadores.

103

Cuando después de la caída en desgracia de López Rega, en julio de 1975, una guardia de Granaderos irrumpió en los sótanos del Ministerio de Bienestar Social, su sorpresa sería mayúscula: allí se hallaba un impresionante arsenal de guerra que, además de las ametralladoras citadas, incluía una buena provisión de explosivos. En cuanto a las víctimas, los blancos eran asignados a los diferentes núcleos operativos tras una selección en la que, al menos cuando se trataba de importantes figuras públicas, intervenía directamente López Rega. Incluso cuando aún Perón dirigía los destinos del país, algunos testimonios señalan la realización de reuniones en las que se individualizaba a los enemigos más importantes y a los "infiltrados" que debían ser inmediatamente eliminados.

En algunas de esas reuniones habría participado el propio general –según referirá posteriormente Antonio Benítez, ex titular del Ministerio del Interior–, quien, sin realizar comentarios, escuchaba las atentas recomendaciones que Villar daba como urgentes.

Ruptura, ocaso y sucesión

La designación de Villar y Margaride en la Policía Federal, el ascenso de López Rega prohijado por la presidencia y el accionar impune de las bandas de la Triple A constituyeron un caldo de cultivo para el enfrentamiento final entre Perón y Montoneros. La nueva ocasión la daría la celebración del 1° de mayo de 1974. El escenario, la histórica Plaza de Mayo.

Montoneros atronaría con sus consignas: "No queremos carnaval. Asamblea popular"; "El pueblo te lo pide, queremos la cabeza de Villar y Margaride"; y "¿Qué pasa, qué pasa, qué pasa general, que está lleno de gorilas el gobierno popular?" Además, sonaban los cantos que hacían referencia a Evita, contrarrestando su mítica figura en el balcón de la Casa Rosada con la de Isabel. Estos coros terminaron por sellar en el nutrido acto un ambiente de oposición que Perón no iba a eludir. Por el contrario, su discurso sería aun más belicoso y, bendiciendo a la burocracia sindical, la emprendería contra la Juventud Peronista y contra Montoneros, a quienes va a tratar de "estúpidos" e "imberbes", en contraposición a los veteranos sindicalistas, "sabios" y "prudentes".

La ruptura se produjo. Montoneros arrió sus pancartas y su gente y se retiró de la plaza. Muchos de ellos, llorando. Otros coreando su indignación: "¡Vea, vea, vea / si somos pelotudos / votamos a una muerta / a una puta y a un cornudo!" La muerta era desde luego Eva Perón, cuyo espíritu revolucionario habían retomado los jóvenes como bandera; las otras dos personas aludidas eran Isabel y, con desencanto y dolor, al viejo general.

Los meses siguientes serían vertiginosos. La suerte del gobierno parecería más que nunca ligada a la salud del presidente. En junio, la crisis económica y el notorio empeoramiento de la salud de Perón preanunciaban próximas dificultades y combates por la sucesión. López Rega se aprestaba a rodear aún más a Isabel y a fortalecer sus huestes clandestinas, ocupadas en planear amenazas y atentados. Descontaba que tras la muerte de Perón las batallas serían desembozadas. No pasaría mucho tiempo para comprobar esos funestos presagios.

Casi dos semanas más tarde, el 13 de mayo, Perón volvió a la carga contra la juventud peronista y su "infantilismo revolucionario", y la responsabilizó de una posible guerra civil que podría costarle al país la vida de un millón de argentinos.

Finalmente, el desmejorado caudillo volvió a adelantar, temerariamente, que los trabajadores sabrían desarrollar los anticuerpos necesarios para combatir al terrorismo. Para Page, el discurso de Perón tendría consecuencias inmediatas. Dice el documentado biógrafo:

"Los terroristas de la derecha, ya fueran en actividad o potenciales, pescaron al vuelo el mensaje".

Llanto de pueblo

Perón falleció poco después del mediodía del 1° de julio de 1974. Su viuda apareció hablando por cadena nacional:

"Con gran dolor, debo transmitir al pueblo el fallecimiento de un verdadero apóstol de la paz y la no violencia".

Isabel asumió la presidencia. Señala Rodolfo Terragno:

"Las radios y las televisoras del país estaban en cadena. Transmitían nada más que música sacra. De pronto, ya avanzada la tarde, la voz grave de un locutor anunció al ministro de Bienestar Social y López Rega apareció para decir, en tono dramático: 'Con gran pesar, debo confirmar al pueblo argentino la infausta noticia del paso a la inmortalidad de nuestro líder nacional, el general Perón'. ¿Por qué debía 'confirmar' López Rega lo que habían anunciado la propia jefa del Estado, viuda de Perón, y los médicos que habían asistido al extinto presidente? Luego se dijo que, una vez certificada la defunción por los médicos, López Rega había intentado 'resucitar' a Perón, y la 'confirmación' de la muerte no había sido sino la confesión de su fracaso. También había sido —y esto preocupaba a mucha gente— una manera de demostrar que, a partir de allí, él tendría el poder y hasta los actos de la presidente necesitarían de su 'confirmación'".

Después vendría la colosal muestra de dolor del pueblo. Gente de toda edad hacía largas filas para despedir a su líder, velado en el Congreso de la Nación. Una revista popularizó una fotografía (ver p. 158), donde un joven conscripto, sin abandonar su puesto, lloraba con el rostro crispado en un rictus de desconsuelo. El hombre que había dado dignidad al obrero luego de décadas de abuso conservador, que había puesto en práctica viejas aspiraciones o proyectos socialistas que no habían tenido el apoyo necesario, el personaje ineludible en treinta años de historia argentina, era ahora un cadáver que exhibía su contorno de cera a miles de peregrinos.

Ese hombre había sido muchos hombres, uno para cada uno de sus seguidores. Había tenido la habilidad de confirmar la imagen que cada uno quería formarse de él. Había sido muchos. Y no dejaba a nadie.

Tras una semana de luto y conmoción pública, el panorama nacional iba a develar todo su complejo dramatismo.

Mientras tanto, López Rega debía aceptar la sugerencia de la seguridad militar establecida en la residencia presidencial de

Olivos: abandonar su dormitorio y mudarse a un sector destinado a los huéspedes. Algunas habladurías hacían referencia a la relación entre la presidenta y el eterno secretario, y había que aventar cualquier suspicacia. La viuda, pues, debía estar sola. Lo que no podía sospechar nadie es que, lejos de retirarse a la casita de huéspedes, Lopecito se instalaría en el dormitorio mismo de Perón y, según señala Larraquy, hasta dormiría en su cama:

"Para hacer más efectivo −e ilustrativo− su dominio sobre la presidenta, López Rega instaló su escritorio en el *hall* que conducía al despacho presidencial, que hasta entonces utilizaban los edecanes. Los corrió de ese lugar y se plantó ahí como si fuese un recepcionista que autorizaba o negaba el ingreso de las personas que deseaban ver a Isabel".

Lejos de estos vericuetos de la política doméstica, se levantaban auténticos nubarrones. Perón ya no estaba para conjurar los grandes conflictos nacionales y la violencia no parecía que fuera a detenerse. Pronto quedaría claro que, para las huestes de López Rega, se iba a tratar de redoblar sus esfuerzos en las lides terroristas y culminar con la tarea emprendida.

Estaba por iniciarse una renovada y mortal cacería.

Capítulo 6
EL APOGEO CRIMINAL

Hasta el momento de la muerte de Perón, el accionar de la Triple A había ido escalando paulatinamente hasta alcanzar ribetes cada vez más siniestros. Los locales políticos de la Juventud Peronista y de diversas agrupaciones eran volados con bombas o ametrallados. Los edificios sembrados por ráfagas o desmantelados por explosivos se contaban por decenas. Las estadísticas de víctimas fatales no se quedaban atrás.

Por lo general, el principal blanco de la Triple A era la militancia peronista de izquierda y la de las organizaciones de la izquierda propiamente dicha, especialmente la que se hallaba en los sindicatos y universidades, aunque también fueron incorporadas a la "lista negra" la militancia barrial y la de las escuelas secundarias. Recordemos que en los años previos y hasta ese momento, los estudiantes secundarios tenían un nivel de participación política que nada tenía que envidiar al de sus hermanos mayores, los universitarios.

Dentro del universo sindical, serían objetivos predilectos los activistas pertenecientes a los sindicatos "combativos", como el SMATA (Sindicato de Mecánicos y Afines del Transporte Automotor) y la Federación Gráfica Bonaerense, como así también de las regionales opositoras a las conducciones burocráticas (Villa Constitución, por ejemplo) y los miembros de cuerpos de delegados de grandes unidades fabriles como Mercedes-Benz, astilleros, metalúrgicas, etcétera.

La Triple A operaba además contra los militantes de las diversas agrupaciones sindicales de la izquierda no armada, como la

Juventud Trabajadora Peronista y los frentes sindicales del Partido Comunista, el Partido Socialista de los Trabajadores, Política Obrera, Vanguardia Comunista y el Partido Comunista Revolucionario, entre otros.

Entre agosto de 1973 y diciembre de 1974, entre las víctimas sindicales se contarán trabajadores de los más diversos gremios y regiones del país: el ceramista Carlos Bache (Buenos Aires); el obrero de la construcción Juan Ávila (Córdoba); el metalúrgico Hugo Jaime (Buenos Aires); el empleado de comercio Horacio Ávalos (Mendoza); el municipal Juan de la Cruz Olmos (Tucumán), entre otros...

Los blancos no van a diferir esencialmente dentro del mundo universitario y secundario, donde las víctimas sumarán un nutrido número de estudiantes, profesores y trabajadores no docentes, todos ellos en su mayoría adscriptos o con tradiciones militantes en la izquierda local. Serán comunes los atentados explosivos contra locales de tendencias políticas universitarias, comedores y sedes gremiales.

Las enormes diferencias políticas, ideológicas y metodológicas existentes entre las organizaciones de la militancia popular no parecen haber sido un elemento que la Triple A haya tenido en consideración. Ante todo ese conglomerado de siglas e inspiraciones ideológicas e históricas, la organización delictiva sólo considerará su radical aversión contra cualquier oposición al nacionalismo fascistoide de la derecha peronista, su verdadera referencia política. De allí que sus víctimas se cuenten entre partidos y organizaciones que libraban verdaderas batallas políticas entre sí. De alguna manera, para ella serán un solo y único blanco a impactar.

A todos por igual

Con el correr de los meses, la Triple A sumará nuevos enemigos, hasta cubrir todo el espectro de la vida política, social y cultural del país. De hecho, en una de sus primeras presentaciones públicas, que hará a través de un volante, señalará hasta dónde llegaría su brazo vengador:

"En una reunión realizada en Córdoba, las organizaciones argentinas que a continuación se detallan, por decisión de sus comandos, acordaron y resolvieron actuar en forma conjunta y aniquilar o ejecutar previo juicio sumarísimo a aquellos individuos, cualquiera sea su nacionalidad, raza, credo o investidura, que respondan a intereses apátridas, marxistas, masónicos, anticristianos o del judaísmo internacional sinárquico".

Finalmente, la declaración va a señalar que entre sus enemigos más importantes se encuentran organizaciones como el ERP, Montoneros, el Partido Socialista de los Trabajadores y el Partido Comunista Revolucionario.

Entre los blancos predilectos de la organización, posiblemente por su altísimo impacto en los medios de difusión, se hallarán los propios medios informativos, por un lado, y las figuras emblemáticas de la cultura popular, por el otro.

De esta manera, periodistas, fotógrafos, columnistas, locutores, humoristas y trabajadores de la prensa y los medios de difusión sufrirán todo tipo de amenazas y, en varios casos, brutales agresiones físicas que incluyeron no menos de cinco asesinatos.

Si bien atacaron con especial saña los órganos de prensa de las organizaciones de izquierda o medios estrechamente relacionados con ella −el diario *El Mundo*, por ejemplo−, las amenazas y los ataques involucraron a todo el espectro de los medios de difusión masivos, entre los que se destacan diarios como *Clarín*, *Crónica*, *La Razón* y *La Opinión*, como así también radios y canales de televisión.

En este sentido, la Triple A buscará no solamente eliminar a los trabajadores de los medios de difusión sindicalizados como enemigos de "izquierda", sino que también intentará crear una suerte de línea de intervención en la que cualquier difusión del ideario de izquierda será sospechada y, por lo tanto, sancionada con la mayor dureza, incluso sin importar las circunstancias de de dicha difusión.

En este sentido es que debe entenderse el copamiento que un comando de ultraderecha va a perpetrar en las oficinas del diario *Clarín*, el 11 de septiembre de 1973, apenas unas pocas horas después que el diario accediera a publicar una solicitada del ERP el 22 de agosto, a cambio de la libertad de uno de los ejecutivos del diario en cuestión, al que habían secuestrado.

A esta actuación deberá sumarse la voladura de varias imprentas y locales donde funcionaban diversas revistas políticas, así como tiroteos contra sus dependencias. Sufrieron estas agresiones: *El Descamisado* (27 de julio de 1973); *El Mundo* (24 de enero de 1974; 23 de febrero de 1974; 20 y 21 de abril de 1974); *La Voz del Interior* (28 de febrero de 1974); *Noticias* (9 de marzo de 1974); la imprenta *Paulos* (18 de septiembre de 1974) y *El Pueblo*, de Tucumán (7 de octubre de 1974), entre otros.

A esta serie de atentados deben incorporarse asesinatos como el del periodista José Domingo Colombo (*El Norte*, de San Nicolás) y el fotógrafo Julio César Fumarola, y los intentos de asesinato o secuestro de Osvaldo Natucci (revista *Ya!*), el secuestro y torturas al periodista Roberto Reyna (diario *Córdoba*) y las reiteradas amenazas –casi diarias– a los miembros de la redacción del diario *El Mundo* y la revista *Ya!*

Los jóvenes, los artistas, los "inmorales"...

De igual manera que lo hacía con los medios de difusión, la Triple A se abocó, con especial persistencia, a atacar a los artistas populares. Con éstos, ensayó una modalidad de alguna manera distintiva: si bien no ahorró bombas contra cines y salas teatrales que exhibieran filmes u obras de contenido político, amenazó de muerte a los músicos y artistas que, una vez intimados, se negaran a irse del país en un plazo no superior a las setenta y dos horas. La lista de amenazados será por demás extensa, e incluirá a Juan Carlos Gené, Héctor Olivera, Héctor Alterio, Horacio Guarany, Nacha Guevara, Marilina Ross, Luis Brandoni y Norman Briski, entre muchos otros.

Por lo general, los amenazados habían tenido o tenían alguna relación con la izquierda peronista, o con alguna otra expresión de la política y la cultura popular. Otros, en cambio, sufrirían las mismas temerarias amenazas por estar vinculados con tendencia estéticas o géneros que la Triple A consideraba anticristianos, o rechazables por su "amoralidad". Tales fueron los casos de

Susana Giménez, Isabel Sarli y Armando Bo, por ejemplo, protagonistas de filmes que crisparon los nervios de los censores ultracatólicos. Unos y otros deberían emprender la urgente salida al exilio para evitar las balas. El 13 de octubre de 1974 se hallaron los cadáveres de Carlos Ernesto Laham y de Pedro Barraza. Al día siguiente, el comando de la Triple A que los asesinó envió al diario *Clarín* el documento de Laham y un comunicado que señalaba:

"SEPA EL PUEBLO ARGENTINO!!!! La organización ALIANZA ANTICOMUNISTA ARGENTINA, tiene una trayectoria de Patria y Hogar... Nosotros, como organización armada en defensa de los más altos intereses de la Nación y como premisa fundamental de tener enarbolada la única bandera que puede existir sobre esta hermosa tierra, la CELESTE y BLANCA, a la que no cambiarán por ningún 'trapo rojo', mientras nosotros existamos, esos mercaderes disfrazados de argentinos... La ALIANZA ANTICOMUNISTA ARGENTINA se compromete a proteger a los amenazados, insignes actores y deportistas, que el único mal que han hecho es ser verdaderos PATRIOTAS, con mayúsculas, y no como los BRANDONI, GUEVARA, ALTERIO, GENÉ, CARELLA, BRISKY, etc., que ensuciaron a la Argentina de ideologías extrañas al sentir nacional, y una vez cometido el crimen de lesa-patria, fugaron del país como las ratas. Siguiendo con nuestras premisas, queden los amenazados en paz y tranquilidad, que un grupo de Argentinos los protege de los BOLCHES ASESINOS...".

En las villas y en las aulas

En otros ámbitos se buscará el mismo efecto, y la negativa a irse de la Argentina o a abandonar las actividades políticas terminará en asesinatos, como ocurrirá con el párroco Carlos Mugica, acribillado el 11 de mayo de 1974, en la puerta de una iglesia donde acababa de dar misa.

Cuando murió, Carlos Francisco Sergio Mugica Echagüe tenía sólo 44 años. Su trayectoria de vida es muy ilustrativa para señalar una constante de aquellos años: jóvenes nacidos en familias acomodadas que abrazaban las ideas revolucionarias y populares de su tiempo y generosamente se abocaban a la lucha por la promoción de los más humildes y necesitados. Era también muy común que lo hicieran en franca contradicción con los ideales inculcados y sostenidos por sus familias.

El padre Carlos, como llanamente lo llamaban sus feligreses y amigos, era hijo de un político burgués de gran trayectoria, Adolfo Mugica, que incluso había sido fundador del Partido Conservador y titular del Ministerio de Relaciones Exteriores en el gobierno del doctor Arturo Frondizi. La madre de Carlos, Carmen Echagüe, venía de una acaudalada familia de terratenientes.

Desde temprano, el joven sacerdote trabajó por los pobres y adhirió al peronismo, por entender que era la corriente política que más había hecho y podía llegar a hacer por ellos. Conoció y tuvo amistad en la década del 60 con activistas católicos que luego serían el núcleo fundacional de Montoneros, brazo armado de los jóvenes peronistas. Pero más tarde se volvió crítico del movimiento, cuando éste continuó por la senda político-militar, aun superada la dictadura en cuyo marco se originara.

El padre Mugica se había identificado con la corriente de los Sacerdotes del Tercer Mundo y, admirando el accionar de los "curas villeros", que trabajaban en los más pobres barrios de emergencia, se volvió uno de ellos; hoy, tal vez, el más célebre. En numerosas oportunidades se había manifestado en público contra el persistente "militarismo" de las organizaciones armadas de izquierda, aunque defendía la postura de que la "violencia de los pobres" no era violencia, "sino justicia".

Como fuere, la Triple A, que lo había amenazado reiteradamente, no se apiadó del cura popular y destrozó su cuerpo con ráfagas a corta distancia. El arma, una *Ingram M 10* (que está entre un subfusil y una pistola ametralladora, y que resulta letal a escasos metros) era empuñada por un hombre que, según los testigos, coincidía con la contextura física de Rodolfo Eduardo Almirón. Las Tres A, no obstante, aprovecharon aquella postura crítica del sacerdote para echarle la culpa a Montoneros.

Miguel Bonasso, talentoso político, periodista y escritor por aquellos años ligado a Montoneros, y que llegó a ser jefe de prensa del peronismo, cuenta en un libro muy posterior (ver Bibliografía) una teoría sugestiva que le expresó Arturo Sampay, destacado jurista y peronista de los primeros tiempos. Éste le dijo:

"El asesinato del padre Mugica es la respuesta de Perón al retiro de ustedes [Montoneros y la Juventud Peronista] en la Plaza. Es una operación maquiavélica, destinada a que los militantes de la Tendencia [la izquierda peronista] se maten entre sí. [Es algo] Demasiado inteligente para que se le haya ocurrido al animal de López Rega..."

Lo cierto es que el accionar represivo de esa organización estaría acompañado luego por lo dispuesto desde el mismo Poder Ejecutivo de la Nación, lo que se verá reflejado tanto en el incremento de operaciones de censura contra los medios de difusión de las organizaciones populares –inclusive prohibición y cierre de diarios y revistas– como también por una mayor intervención policial en todos los ámbitos del país. Ya hemos dado cuenta de la derechización del gobierno, de la que daban claras muestras las designaciones de Villar y Margaride en los más elevados puestos de la Policía Federal, y de Alberto Ottalagano en la Universidad de Buenos Aires.

Este último había declarado su llana admiración por Hitler. Consideraba que los claustros universitarios no eran más que un campamento de guerrilleros (en esa época, ser joven ya equivalía a ser sospechoso de algo) que él debía limpiar, y por su posiciones nazifascistas era incluso resistido por muchos que decían ubicarse a la derecha del partido. Era abogado y había trabajado mucho tiempo como asesor personal de Juan Domingo Perón.

En tal marco general, era esperable que la impunidad del accionar de la Triple A sólo se afirmara. Y muy pronto llegaría la confirmación de ello.

GABRIEL GLASMAN

Lluvia de balas

A fines de enero de 1974, la organización delictiva nacida bajo la estructura del propio Estado va a difundir una lista de blancos a ejecutar de manera inmediata y allí donde fueran encontrados. La lista era por demás copiosa y llamaba la atención el número de personalidades ampliamente reconocidas que incluía. Entre éstos se citaban a dirigentes políticos de izquierda, como Hugo Bressano, del Partido Socialista de los Trabajadores y Mario Roberto Santucho, del Partido Revolucionario de los Trabajadores; dirigentes sindicales de la talla de Agustín Tosco, René Salamanca y Raimundo Ongaro; como así también prestigiosos abogados, como Rodolfo Ortega Peña, Silvio Frondizi, Manuel Gaggero, Mario Hernández y Gustavo Roca, viejo amigo y colaborador del Che Guevara. Completaban la lista profesores como Rodolfo Puiggrós (notable escritor, historiador y periodista que había sido rector de la Universidad de Buenos Aires) y hasta un ex subjefe de la Policía Federal, el ya mencionado Julio Troxler, quien milagrosamente había escapado de la llamada "Masacre de José León Suárez", en 1956, tras el golpe que derrocara a Perón y por defenderlo. La mayoría de ellos, en efecto, moriría bajo las balas de la Triple A. Entre los asesinatos que más sacudieron a la opinión pública se destacan los de Rodolfo Ortega Peña, diputado en ejercicio, abogado defensor de presos políticos y director de la revista *Militancia*, y de Silvio Frondizi, notable abogado e intelectual argentino, autor de una obra ensayística de prestigio internacional.

El asesinato de Ortega va a perpetrarse el 31 de julio de 1974, cuando el diputado apenas había alcanzado a descender de un taxi en la esquina de Carlos Pellegrini y Arenales, en pleno centro porteño y a pocas cuadras del Obelisco. Las características del crimen son las de todos los realizados por la Triple A: un seguimiento pertinaz que, en un momento determinado, merced a la sorpresa y a la previa "liberación" del lugar escogido (ausencia de cualquier presencia policial que pudiera intervenir ante movimientos sospechosos), se convertirá en una lluvia de balas. Ortega quedará tendido sin vida tras recibir las descargas que tres sujetos volcaron sobre su cuerpo, matándolo de inmediato. Felipe Celesia y Pablo Waisberg señalan:

"El ataque duró lo suficiente para descargar veinticinco proyectiles blindados Parabellum 9 milímetros. Trece dieron en el cuerpo del diputado, uno hirió el labio superior de Helena [Villagra, su esposa] sin tocar un diente, y los restantes terminaron en el Di Tella, el Citröen, un Fiat 600 y un local bautizado Drugstore. Fue, literalmente, una lluvia de balas".

La mujer del abogado y legislador, que había descendido del taxi apenas unos segundos antes, se arrojó sobre Ortega para cubrirlo, pero ya nada quedaba por hacer. Investigaciones posteriores darán cuenta de una participación de la Policía de manera velada, controlando el vehículo en el que venían Ortega y su esposa, y desviando su trayectoria sorpresivamente hacia el lugar del atentado. Celesia y Waisberg precisan:

"En el entorno de Ortega Peña dan casi por seguro que el dúo Almirón-Morales tuvo que ver con el homicidio".

Eduardo Luis Duhalde, socio de Ortega y amigo de toda su vida, recordará que al ir a reconocer el cuerpo que había sido trasladado a la comisaría 15ª, a dos cuadras del atentado, un eufórico comisario Alberto Villar festejaba a viva voz y estruendosamente por la "noche fantástica" que le tocaba pasar. Las cosas en el interior de la comisaría se pusieron espesas y todo parecía terminar en un gran escándalo de impredecibles consecuencias. La algarabía de Villar, que desenmascaraba su intervención en el crimen, fue cortada abruptamente por el doctor Muñiz Barreto, colega y amigo del asesinado, quien le pronosticó a Villar un final similar y en poco tiempo. El comisario reaccionó y sólo la oportuna presencia del jefe de la bancada peronista de Diputados disuadió a ambos. Villar seguiría sonriendo aquella noche, sin sospechar siquiera que, efectivamente, la sangre derramada de Ortega clamaría por la suya, vertida apenas unos meses después.

Villar no será el único en festejar el crimen de Ortega. *El Caudillo* se sumará al festejo con un "Réquiem para un montonero", que publicará inmediatamente después de los acontecimientos. El "Réquiem" rezará:

"Hoy lo he visto, pobre punga [ladrón]
panza arriba en una morgue,
con un zobala [balazo]en el pecho
que le impide respirar
y vi dos solicitadas
en los diarios combativos
con el nombre del otario [tonto]
y un te vamo a vengar".

La Triple A no se adjudicará inmediatamente la autoría del atentado, aunque dejará claro el mensaje: el Ford Fairlane utilizado por sus sicarios fue abandonado, con armas y explosivos en su interior, justamente en el frente del Ministerio de Bienestar Social. Recién el 6 de agosto de ese año la Triple A se haría cargo del hecho, a través de una nota en la que afirmaba:

"...la AAA ha reiniciado las operaciones consciente de que el acuerdo amplio concertado en la reunión multipartidaria del 29 de julio, tras la figura de Isabel de Perón, no basta".

La nota dejará una trágica advertencia:

"...este primer ajusticiamiento será seguido por una larga lista de traidores al servicio de los imperialismos".

Sin límites ni frenos

La amenaza llegará poco después en forma de "lista negra", con el nombre de los más de trescientos detenidos durante los desórdenes provocados por la Policía Federal durante el entierro de Ortega Peña, a quienes se les advertía que debían irse del país si deseaban conservar la vida. Buena parte de ellos habían sido detenidos a la salida del tren subterráneo que daba al cementerio. Otros ni siquiera tendrán la chance de escapar a las corridas: la Policía Federal desvió directamente a distintas seccionales a los micros que trasladaban a los militantes que se dirigían a rendir un último homenaje al legislador asesinado.

Tiempo después vendría la oscura confirmación de que muchos de los integrantes de aquella siniestra "lista negra" también habían sido asesinados.

¿Contra quiénes disparaban? Ortega Peña apenas tenía treinta y seis años, pero sintetizaba la identidad de los clásicos enemigos de la Triple A. Como dijimos, era abogado de presos políticos; ex director, junto a Eduardo Luis Duhalde, de la revista *Militancia*, cuya circulación había sido prohibida definitivamente tras treinta y ocho números publicados; y cercano del llamado Peronismo de Base. Era una auténtica figura emblemática de los reclamos populares al gobierno contra su evidente derechización. Como resaltará Duhalde, aquello fue para él:

"Un compromiso racionalmente asumido que le hizo transitar el camino de la muerte, porque éste fue lo que más incomodó a quienes planearon el crimen".

Pocos meses más tarde, el 27 de septiembre, sería el turno de Silvio Frondizi. Hermano de Arturo, ex presidente de la Nación, Silvio Frondizi también simbolizaba al enemigo característico de la Triple A: profesor universitario, autor de numerosas obras de historia y política de orientación marxista, abogado de presos políticos, pionero en la defensa de la Revolución Cubana, ex dirigente del Grupo Praxis −célula madre de numerosas formaciones políticas de la izquierda local− y ex director de *Nuevo Hombre*, publicación animada por el PRT [Partido Revolucionario de los Trabajadores].

Como en el caso de Ortega Peña, los asesinos de Silvio Frondizi, de sesenta y siete años, actuaron con absoluta impunidad y a plena luz del día. De hecho, varios individuos, se cree que encabezados por los ya conocidos Morales y Almirón, se introdujeron en la casa del profesor para golpearlo salvajemente y arrastrarlo hacia la calle, donde lo subieron a uno de los automóviles. La operatoria fue brutal y le costó la vida a su yerno, el ingeniero Luis Mendiburu.

A Frondizi lo tiraron muy golpeado en la parte de atrás de un automóvil y desaparecieron tal como habían llegado. Dos horas más tarde, un comunicado de la Triple A se adjudicaba el secuestro y el asesinato, indicando que su cuerpo, acribillado a balazos por la espalda, había sido arrojado en un descampado cercano a Ezeiza. El texto decía:

"Comunicado al pueblo argentino: sepa el pueblo argentino que a las 14:20 fue ajusticiado el disfrazado número uno, Silvio Frondizi, traidor de traidores, comunista y bolchevique, fundador del ERP. Bajo el mandato de su hermano, fue el infiltrador de ideas comunistas en nuestra juventud. Murió como mueren los traidores, por la espalda. Como nuestro querido pueblo argentino y patriota observa, cumplimos lentamente, pero sin pausa, nuestra palabra, y no nos identifiquen con los mercenarios zurdos de la muerte, sino con patriotas peronistas y argentinos que queremos que del dolor actual nuestro país tenga un futuro argentino y no comunista. No adjuntamos documentos porque el traidor no los tenía encima, pero pueden encontrarlo en el acceso al centro recreativo Ezeiza, pasando el primer puente con barandas de madera, cincuenta metros sobre la mano derecha".

El comunicado terminaba con la siguiente firma:

"Viva la patria. Viva Perón. Vivan las Fuerzas Armadas. Mueran los bolches asesinos. Alianza Anticomunista Argentina. Comando Tres Armas".

El cuerpo de Frondizi aparecerá virtualmente colapsado de balas –alrededor de cincuenta, revelará la autopsia– y con rastros de una feroz golpiza.

De la misma forma que sucederá durante el sepelio y entierro de Ortega Peña, también en el de Silvio Frondizi intervendrá provocadoramente la policía brava de Villar y Margaride y, tras varios forcejos durante la procesión al cementerio de la Chacarita, los féretros con los restos de Frondizi y Mendiburu fueron secuestrados por la Policía y dejados en depósito. Además, el hecho dejará el saldo de unas veinticinco detenciones.

Nadie ve, nadie oye, nadie paga

Los crímenes de Rodolfo Ortega Peña y Silvio Frondizi quedarán impunes. Por lo pronto, nada se sabrá de manera más o menos inmediata sobre sus asesinos materiales, aunque las sospechas caerán de maduro, una a una y todas, hacia la misma dirección: Morales, Almirón y López Rega. Más sencillo parecía emprenderla contra el que sin duda prestó los más necesarios servicios para que tales crímenes terminaran en realizaciones exitosas: el jefe policial Villar, sobre quien, sin duda, recaía una permanente amenaza de muerte de parte de las afectadas organizaciones político-militares.

En este marco, no resultó extraño que el 1º de noviembre de ese mismo año, cuando se disponía a pasear en una pequeña embarcación por el delta del Tigre, acompañado por su esposa, una bomba de alto poder se llevara de este mundo a quien ya había inspirado y ordenado decenas de asesinatos políticos. Entonces, quedó la sensación de que al menos alguien había pagado, aunque la justicia no viniera de donde debía venir, esto es, de los cómplices e instigadores organismos del Estado.

Pero para algunos observadores, López Rega tenía que ver, y mucho, con la muerte de Villar, sobre todo porque recordaban que las relaciones entre el ministro y el comisario habían alcanzado una tensión sin retorno. López Rega le reprochaba a Villar que buscara un diálogo directo con la presidenta, pasando por encima de lo que consideraba su "debida autorización". Por su parte, Villar rechazaba por lo bajo el absurdo de la designación de Lopecito como comisario general y no estaba dispuesto a darle semejante importancia. Así las cosas, no pocos creyeron que la voladura de Villar y su esposa fue obra del ministro. Las dudas comenzaron a despejarse cuando Montoneros se adjudicó el atentado. Pero quedó claro que si los matadores eran otros, el que por cuestiones de competencia personal también se beneficiaba era el mismísimo e inefable ministro de Bienestar Social.

Según señala González Janzen:

"Entre julio y septiembre de 1974 se produjeron 220 atentados de la Triple A −casi tres por día−, sesenta asesinatos −uno cada diecinueve horas−, y cuarenta y cuatro víctimas resultaron con heridas graves. También veinte secuestros, uno cada dos días".

Juan Gasparini señala por su parte:

"Entre junio de 1974 y junio de 1975, la violencia de extrema derecha había cobrado la vida de 461 personas...".

Otras estadísticas dan resultados más o menos coincidentes, los que llevados a todo el periodo de 1973 a 1976, incluyendo los atentados y asesinatos no reivindicados pero atribuibles con certeza a la Triple A, sugieren una masacre de entre 1 500 y 2 000 personas, a las que debe sumarse una cantidad importante de heridos de diversa consideración, de exiliados y de centenares de locales y domicilios privados destrozados por la misma organización.

A lo largo de 1975 y hasta las postrimerías mismas del golpe de Estado del 24 de marzo de 1976, la Triple A continuaría operando en todo el país, sembrando terror, destrucción y muerte.

No obstante, algunas cosas estaban por cambiar.

Capítulo 7
EL OCASO DEL "BRUJO"

*"¿Es que acaso la guerrilla tiene uniformes
o distintivos o autos con leyendas?
No. Por el contrario, la guerrilla se pone
uniformes militares y policiales robados.
Es decir, se disfraza para actuar... ¿Por qué asustarse
si quienes combaten a la violencia se disfrazan, a su vez, de civiles?"*

El Caudillo

La muerte de Villar significó un duro traspié para la organización y la operatividad de la represión ilegal. Por supuesto, también constituyó un mensaje inequívoco: la guerra de aparatos armados se había instalado como una expresión excluyente de la política nacional, con la significativa ausencia de las masas.

Pero la desaparición de Villar no representó ni siquiera la disminución de las actividades de la Triple A. El comisario había formado una verdadera escuadra que continuaría operando, aunque ahora bajo una mayor tutela de López Rega.

Mientras tanto, el ministro continuaba posesionándose como el verdadero articulador del gobierno de Isabel, cuyas incapacidades eran un secreto a voces dentro y fuera de su gabinete.

En noviembre de 1974, López Rega va a darle forma a un proyecto que venía apadrinando desde hacía algún tiempo y cuya concreción se convertiría en una demostración de fuerza desembozada.

En efecto, para entonces Lopecito repatriará los restos de Eva Perón, los que planeaba depositar junto a los de su esposo, en un mausoleo dedicado a los grandes próceres del país. En su imaginación, un imponente "Altar de la Patria" sumaría también los despojos de José de San Martín y de Juan Manuel de Rosas.

El "Altar" iba a levantarse en las cercanías de la Facultad de Derecho y con su altura de más de cincuenta metros iba a dominar el paisaje de la zona norte de la Capital Federal. La construcción también significaría un negociado de importantes dimensiones y una caja cuyos fondos podrían desviarse hacia otras actividades.

Por lo pronto, la puesta en escena de la repatriación de los restos de Evita fue un acontecimiento conmocionante, por el despliegue de "seguridad" que los hombres del ministro pusieron a la vista de todos, cuando, custodiando el féretro se pasearon enfundados en sus trajes oscuros, gafas negras y ametralladoras de enormes dimensiones y poder de fuego. Toda una demostración de matonaje bien montado y de extrema peligrosidad. La sospecha de que esos hombres eran parte integral de la Triple A inquietó a buena parte de la sociedad argentina.

La repatriación de los restos de Evita, tal como fue organizada por López Rega, crispó los nervios de la dirigencia sindical, ya que por completo fue dejada a un costado de semejante operativo. De hecho, Casildo Herrera y Lorenzo Miguel, secretario general de la CGT y jefe de las 62 Organizaciones, respectivamente, apenas si podrán seguir el desarrollo de los hechos desde lejos, mezclados con el público, que se agolpará en las cercanías del Aeroparque de la ciudad, adonde llegará el ataúd con los restos de Eva Perón.

Para entonces, la situación económica, social y política del país mostraba sus ángulos más conflictivos. La violencia desatada por la Triple A había puesto al país todo en un estado de horror que parecía no tener fin. Además, el accionar de las organizaciones político-militares no cesaba y el malestar popular por la carestía y el consecuente deterioro del nivel de vida iba en progresivo aumento.

Gelbard, el ministro de Economía que el propio Perón había puesto en el cargo, había caído tras la muerte del viejo líder, y fue reemplazado por Alfredo Gómez Morales, un veterano peronista que contaba con el apoyo de la CGT, ansiosa de obtener para sus bases una reactualización salarial que Gelbard, previendo una crisis de proporciones, había intentado postergar.

En ese marco signado por la violencia política y las demandas populares en manifestaciones, tomas de fábrica, huelgas y conflictos cada vez más radicalizados por un sector sindical declaradamente antiburocrático, el gobierno, incapaz de instrumentar salidas políticas populares, apenas pudo refugiarse en la declaración del estado de sitio y la suspensión de las garantías constitucionales.

Hacia el abismo

El 8 de noviembre de 1974, el director de la Escuela Superior de Guerra auguró la próxima derrota de la guerrilla. Apenas un mes más tarde, el gobierno auspició una Ley de Defensa Nacional que contemplaba una mayor participación de las Fuerzas Armadas a través de una Central Nacional de Inteligencia, que debía custodiar la seguridad nacional. La presencia excluyente de los militares en la escena política nacional parecía nuevamente inevitable.

Mientas tanto, la violencia no se extinguía. Señala Terragno:

"Eran, para la Argentina, unas navidades luctuosas. El 25 de diciembre, los muertos durante ese mes por causas políticas sumaban cuarenta y siete: casi un muerto cada doce horas. El año terminó en medio de la incertidumbre colectiva: nadie se animaba a predecir qué le esperaba al gobierno, y al país, en 1975".

El año 1975 se inició con malos vientos. Por lo pronto, en la primera semana de febrero el Ejército Argentino volvió al pleno protagonismo político al iniciarse el llamado "Operativo Independencia" en la provincia de Tucumán, con la intención declarada de aniquilar el accionar de la guerrilla.

López Rega fue invitado a presenciar algunas operaciones y refrendó la acción militar con los augurios más auspiciosos. Por supuesto, no veía con malos ojos la intervención militar contra sus enemigos guerrilleros, pero no se le escapaba que el accionar militar, refrendado por el Congreso Nacional y el conjunto de los partidos políticos, iba a conspirar de alguna manera contra la represión ilegal que él mismo había desatado.

En marzo, el conflicto sindical desatado en la combativa Villa Constitución llevaba la inestabilidad social y política a una de sus expresiones más altas. El gobierno denunció entonces el conflicto como un "complot" de la guerrilla destinado a "paralizar la producción industrial" en uno de los más importantes cordones industriales del país. Además, sostuvo, se trataba de una táctica complementaria del accionar guerrillero en Tucumán.

En verdad, el conflicto sindical amenazaba un contagio peligroso para el gobierno y la burocracia; el desplazamiento de esta última por sectores de izquierda o independientes se daba en un escenario altamente conflictivo. Los índices económicos acompañaban inequívocamente a la crisis, exhibiendo una deuda externa de 9,233 millones de dólares, imposible de pagar en término; reservas en constante caída, hasta pasar de 2,000 millones de dólares a 1,200 millones en tres meses; el costo de vida había aumentado más del 25% sólo en el primer trimestre del año y se verificaba un déficit fiscal creciente. El "Pacto Social" que había promovido el propio Perón no dejaba de estallar por cada una de sus variables.

En ese marco, el accionar de la Triple A iba a intensificarse.

El 23 de marzo, el matutino *La Opinión* señalaba:

"La escalada alcanzó este fin de semana su punto crítico con un promedio de una muerte cada dos horas y veinticuatro minutos".

El 1° de mayo de 1975, Isabel hablaba desde los balcones de la Casa Rosada, prometía "látigo" a los personeros de la "antipatria" y concluía:

"El general decía que mejor es persuadir que obligar, pero yo le digo al general, de aquí adonde se encuentre, que si tengo que obligar, los voy a obligar... El que no esté de acuerdo, que se largue".

Pero los discursos no conjuraban la crisis y Gómez Morales dejó su puesto a Celestino Rodrigo, un amigo de López Rega, con quien compartía su pasión por el ocultismo. La designación de Rodrigo parecía a medida de su mentor. Dice Rodolfo Terragno:

"En un folleto que se divulgó después de su designación, había descrito la crisis política y religiosa que sufría el mundo. Rodrigo proponía allí 'establecer una armonía de valores humanos y divinos', para alcanzar 'una estructuración homogénea en la vida interior'".

El 2 de junio se iniciará la nueva etapa. Dos días más tarde, el ministro anunciará su plan, que pasará a conocerse en la historia nacional como "Rodrigazo", un *shock* económico que incluirá la devaluación del peso, la suba de tarifas de todos los servicios públicos y la triplicación del precio del combustible. Las respuestas populares no tardarían en emerger.

Para ese entonces, varios gremios aún no habían acordado la suba de sus salarios y aguardaban las nuevas medidas económicas. Comenzó entonces una delicada negociación. El ministro va a sugerir como máximo aumento conveniente entre un 40 y un 45%. Pero la Unión Obrera Metalúrgica logró aumentos superiores al 140%, lo que destruía lisa y llanamente el nuevo plan económico.

No obstante, los incrementos conseguidos necesitaban la homologación del Estado y alrededor de la cuestión los principales actores harían su juego. El ministro Rodrigo presionó a Isabel para rechazar la homologación; la dirigencia sindical, por su parte, hizo el movimiento contrario. Finalmente, el 24 de junio, el gobierno hizo un anuncio trascendente: los aumentos salariales eran homologados.

Los gremios convocaron entonces a una manifestación multitudinaria en la histórica Plaza de Mayo. Reunida ésta, agradeció bulliciosamente la decisión presidencial. Incluso, Isabel y el metalúrgico Lorenzo Miguel salieron a saludar a la multitud desde los balcones de la Casa Rosada, en un acto que volvía a situar en las mejores condiciones la relación entre el Poder Ejecutivo y los grandes sindicatos peronistas.

En medio de estos movimientos, López Rega había decidido viajar una vez más a Brasil, presumiblemente para visitar a sus hermanos umbandistas y recargar energías. El poderoso ministro le expresó al periodismo:

"Me siento renovado. Vamos a darles duro a los que no quieran colaborar con la patria. Y a los que tengan la cabeza dura vamos a darle con una maza de quebracho. El quebracho argentino es muy bueno".

A su regreso, Lopecito se encontraría con la resolución de la crisis con los sindicalistas con una evidente victoria de estos últimos. Peor aún, "su" ministro Rodrigo no podía siquiera sobre-vivir en el cargo. Así las cosas, López Rega puso manos a la obra y operó sobre Isabel con todas sus fuerzas. Poco después, los resultados estarían a la vista: la presidenta cambió abruptamente de opinión y, aprovechando la momentánea ausencia del país de los principales referentes del sindicalismo, dio marcha atrás con la homologación y estableció un aumento general de 50%, con reajustes en octubre y enero.

Y como era de prever, se desencadenó una nueva crisis.

Por lo pronto, el ministro de Trabajo presentó su renuncia y la central obrera convocó para el 27 de junio a una huelga gene-ral. Además, llamó a concentrarse, una vez más, en la Plaza de Mayo. Ambas convocatorias fueron coronadas por el éxito: la huelga fue total y la plaza desbordó de trabajadores moviliza-dos por los principales gremios.

Los sindicalistas se cuidaron de proteger la investidura pre-sidencial, pero la emprendieron con vehemencia contra López Rega y Celestino Rodrigo, cuyas renuncias pedían a gritos junto a un atronador coro de "¡Isabel! ¡Isabel!". El mensaje era claro: la histórica "columna vertebral del peronismo" apoyaría a la pre-sidenta siempre y cuando ésta se desembarazara de los dos ministros.

Un brujo en apuros

El mismo 27 de junio, la presidenta y la dirigencia sindical tuvie-ron un encuentro en la quinta de Olivos, en la que Isabel pro-metió decir su última palabra al día siguiente. Se postergaba, pues, la resolución de la crisis por veinticuatro horas más.

El 28, Isabel dio su veredicto: se anulaba la homologación de los aumentos. La emprendía contra los dirigentes sindicales, defendía a sus colaboradores más íntimos y apoyaba a Celestino Rodrigo en su gestión. En otras palabras, Isabel elegía la línea pautada por López Rega y rompía con la cúpula de la burocracia sindical.

Desde Madrid, Lorenzo Miguel y Casildo Herrera reaccionaron con cautela ante la resolución presidencial, pero enérgicamente recordaron que el compromiso de Isabel era para con el pueblo. Ambos prepararon su regreso al país y meditaron sus próximos movimientos. El enfrentamiento definitivo entre ellos y López Rega estaba a punto de iniciarse.

Pero la oposición de los sindicalistas no era el único problema que López Rega enfrentaba por entonces. Poco tiempo antes, en abril, se había dado a conocer un pedido de investigación sobre las actividades de la Triple A, iniciado a partir de las indagaciones hechas por el teniente coronel Jorge Felipe Sosa Molina, quien por entonces era jefe del Regimiento de Granaderos del Ejército y, por otra parte, responsable de la custodia presidencial en la quinta de Olivos. En esta última función, Sosa Molina conocía íntimamente las actividades de López Rega, a quien rápidamente relacionó con el accionar de la Triple A. Lo que para muchos era un secreto a voces, el militar lo sacaba a la superficie.

La relación entre el ministro y la organización represiva se presentó a la opinión pública como un descubrimiento casi azaroso. El 15 de abril, el oficial de Granaderos Juan Segura se apersonó en las oficinas de la revista *El Puntal*, continuadora de *El Caudillo*, ambas presididas por Felipe Romeo. Segura sabía perfectamente adónde se había dirigido. Poco tiempo antes, y de manera fortuita (para pedir prestado el teléfono, a fin de resolver un problema técnico en medio de una tarea de seguridad), el oficial tocó la puerta de la casona y fue atendido por una mujer que se declaró "secretaria privada de López Rega". Luego se sumaron otras personas que le señalaron que había llegado a una guarida de la Triple A. También le confesaron que su organización tenía más de cien hombres operando, muchos de ellos de las Fuerzas Armadas y de la Policía, y que lo invitaban a sumarse a ella.

Más allá de la preparación de semejante trama, el hecho a grandes rasgos efectivamente ocurrió, y el oficial Juan Segura lo informó a su superior, Sosa Molina.

Para el jefe de Granaderos fue suficiente. Ya tenía motivos para iniciar una pesquisa, sobre todo, porque había conocido numerosos agentes civiles, fuertemente armados, habituales en la quinta de Olivos, que tras rendirle cuenta a los jefes de la custodia de López Rega, a veces se ufanaban de sus operaciones clandestinas a viva voz.

La investigación animada por Sosa Molina no era la única propiciada por miembros del Ejército. De hecho, pocos días antes había aparecido asesinado el coronel Martín Rico, miembro de la Jefatura II (Inteligencia), y había desaparecido su colega, el también coronel Jorge Óscar Montiel. Ambos se habían abocado al estudio de la Triple A y los dos lo pagaron con su vida. Ahora, López Rega tenía un frente de combate con Sosa Molina y otro no menor con el sindicalismo peronista.

Ruido de botas

El mes de julio presagiaba tempestades. La CGT convocó a cuarenta y ocho horas de paro general para el día 7. Trataba de esta manera de torcer el brazo de Isabel, para que homologara los aumentos salariales y desplazara a López Rega y a su ministro de economía. La presión sindicalista volvería a dar buenos resultados.

Para el 10, la victoria sindical ya se veía como absoluta. El poder de López Rega estaba minado por completo y su desplazamiento del gobierno era cuestión de días. Presagiando su inminente fin, Lopecito se guardó una jugada insólita: designar a su reemplazante. El elegido sería el ya conocido Carlos Villone, que, sin embargo, no podría gozar de su nuevo empleo por demasiado tiempo.

López Rega renunció el día 11, pero estaba muy lejos de querer relegar más poder. Por lo pronto, mantuvo a su poderosa custodia personal dentro de la quinta presidencial, donde Isabel se hallaba prácticamente confinada.

Los hechos iban a precipitarse el día 19. La guarnición de Granaderos rodeó y luego desarmó a la guardia de López Rega, sugiriendo, además, que el cuestionado ministro hiciera las valijas y abandonara el país sin ninguna dilación. Según cuenta Larraquy:

"Al amanecer del 19 de julio de 1975, tres escuadrones de Granaderos, que sumaban más de cien integrantes y contaban con el apoyo de cuatro vehículos blindados, comenzaron a rodear a la custodia de López Rega adentro y afuera de la residencia, y la desarmaron. Escopetas Itaka, ametralladoras Uzi, pistolas automáticas, granadas: el armamento incautado formaba una verdadera montaña".

Todo concluiría rápidamente. López Rega partió hacia España el mismo día, a la vez que su pretendido sucesor terminó de golpe su sueño ministerial. Años más tarde, López Rega señalaría que la propia Isabel, con lágrimas en los ojos, le había pedido que se fuera del país, ya que los oficiales jóvenes estaban dispuestos a asesinarla a ella si no despedía inmediatamente a su cuestionado ministro. Celestino Rodrigo sería también desplazado y suplido por Pedro José Bonanni, quien a su vez apenas iba a ejercer el cargo unas pocas semanas, tras las cuales asumiría la cartera económica Antonio Cafiero.

No serían ésos los únicos cambios en las más altas cúpulas del poder. Jorge Rafael Videla muy pronto se encaramaba al frente del Ejército, y desde allí comenzaba a pergeñar un nuevo golpe de Estado.

La crisis que se había llevado al superministro de Isabel dejó a ésta en la mayor de las debilidades. Para colmo, comenzaba a acosarla un insólito escándalo, tras haber realizado gastos personales con los fondos de una sociedad benéfica que ella misma encabezaba. Mientras tanto, otras fuerzas acechaban el poder. Los militares, que se hallaban concentrados en la lucha contra la "subversión", eran a su vez apoyados por todo el arco político y la jerarquía eclesiástica. Todos reclamaban la implementación de otras políticas, y los uniformados comenzaron a ensayar rebeliones.

El 18 de diciembre se levantó un sector de la Fuerza Aérea, reclamando "establecer un nuevo orden basado en nuestras tradiciones cristianas". La crisis duró unos pocos días, pero los suficientes para dejar en claro que el final estaba próximo.

En enero de 1976, Isabel renovó algunos puestos clave de su gabinete. Cafiero sería reemplazado por Emilio Mondelli, ex presidente del Banco Central, quien tomaría la dirección económica del país sacudido por una inflación de alrededor del 30% mensual, las reservas de divisas en baja y una balanza comercial negativa. Lo que siguió fue una hecatombe: paros obreros y patronales en un escenario de inminente intervención militar.

Finalmente, el 24 de marzo, las Fuerzas Armadas asumieron el poder. Pocos días antes, el 5 de marzo, López Rega era condenado por la justicia, que lo encontró culpable del delito de malversación económica.

Capítulo 8
FUGA, CAPTURA Y MUERTE DE UN ASESINO

> "Camina mucho, hombre poderoso,
> cumple tus promesas
> y verás llegar tu mejoría."
>
> *El Sabio Hindú.* José López Rega

Retomemos un tiempo antes del golpe militar, para seguir al infausto protagonista casi excluyente de estas páginas, motor de la violencia que antecedió a una mayor, pero que no le fue en zaga en cuanto a intolerancia y grado de delirio ideológico. Tras su caída en picada de la cima del poder, López Rega emprendió la retirada hacia una suerte de exilio europeo. El ex ministro no partió solo, sino acompañado por un séquito de seis custodios, entre los que se encontrarán sujetos de la calaña de Almirón.

Consuelo de desterrado, Lopecito se hizo antes investir como "embajador extraordinario y plenipotenciario", un título que, al menos en las apariencias, le quitaría en lo inmediato la indignidad de huir a campo traviesa, velozmente y repudiado por todos.

Con López Rega a la cabeza, la curiosa comitiva llegó a Madrid el 22 de julio. Allí, el ex ministro podía contar con la ayuda de algunas personalidades que le debían favores o, simplemente, coincidían con él en su ideario fervientemente anticomunista. En la capital española, López Rega hizo una vez más gala de sus capacidades para proceder con absoluta impunidad y se estableció nada menos que en la histórica residencia de Perón en Puerta de Hierro.

Mientras tanto, y como era de prever, en Buenos Aires su supuesta misión diplomática no encontró credibilidad en ningún sector. Incluso, algunos políticos de la oposición pidieron informes sobre la supuesta "misión" del ministro renunciante. En verdad, aunque no se dijera abiertamente, quedaba claro que López Rega se había marchado definitivamente.

Desde entonces, su vida se iba a convertir en una permanente escapatoria dentro de la clandestinidad, siempre borrando sus huellas y tratando de pasar desapercibido ante cualquier medio periodístico que pudiera poner en evidencia su lugar de residencia. Incluso, se le atribuyó filtrar la noticia de su supuesta muerte, súbita y misteriosa, aunque la novedad nunca mereció crédito alguno.

En la Argentina, las cosas siguieron su curso. En su último tramo, el gobierno de Isabel había iniciado su decadencia final envuelto en escándalos que salpicaban también al emigrado ministro. De hecho, la situación legal de López Rega se tornó insostenible cuando estalló públicamente la cuestión de la malversación de fondos públicos de la Cruzada de la Solidaridad, que encabezara Isabel. No resultó extraño, entonces, que a fines de aquel 1975, Lopecito alcanzara una nueva categoría: la de prófugo de la justicia.

Para entonces, ya había abandonado Puerta de Hierro, pero continuaba sintiéndose seguro en Madrid, rodeado de sus matones. Pero el golpe de Estado de marzo de 1976 lo complicaría aún más. Interpol lo contaba entre sus presas más codiciadas y comenzó a pesar sobre él un pedido de captura y extradición. La suerte del fugado en España estaba sellada.

El negro legado

El golpe de Estado del 24 de marzo de 1976 significó un cambio sustancial en el desarrollo de la represión en la Argentina. Por lo pronto, el monopolio de la violencia pasó a manos de las Fuerzas Armadas y de Seguridad, quedando todas las organizaciones paramilitares y parapoliciales condicionadas a aquéllas. En otras palabras, la Triple A y sus comandos no tenían razón de ser: o se subordinaban e integraban a los grupos de tareas clandestinos de las Fuerzas Armadas o desaparecían.

En la Orden Parcial N° 405/76 ("Reestructuración de jurisdicciones y adecuación orgánica para intensificar las operaciones contra la subversión"), de mayo de 1976, se señalará respecto de los cambios operados a partir del golpe del 24 de marzo:

"1) El contexto en que se pueden desarrollar las operaciones contra la subversión ha variado con respecto a la situación que imperaba al impartirse la Directiva 404 (Lucha contra la subversión) debido a dos razones fundamentales:

"a) La asunción al Gobierno Nacional por parte de las FFAA.

"b) La aprobación de una estrategia nacional contrasubversiva conducida desde el más alto nivel del Estado.

"2) Consecuentemente surge como necesario y conveniente:

"a) Centralizar la conducción de las acciones de inteligencia y las operaciones de carácter inmediato, en áreas geográficas (urbanas o no) de características similares..."

La orden significaba, pues, la disolución de la Triple A como organización independiente, lo que implicará, a su vez, la proposición de que los integrantes de aquélla se sumen a los batallones de inteligencia. Paradigmático será el caso de la banda de Aníbal Gordon, que dejará la Triple A para constituir el comando del Ejército que operará en el campo clandestino de detención conocido como Automotores Orletti.

Mientras se daba esta curiosa traslación de grupos delictivos privados a oficiales, López Rega se hallaba en Suiza hacia mediados de abril de 1976. En octubre, una partida de agentes judiciales argentinos descubrirá su residencia. De la misma tomarán pertenencias suyas y pruebas documentales de sus negocios, relaciones con empresas y movimientos de fondos. Su situación se complicará cada vez más.

López Rega mantendrá su vida en Suiza en los siguientes años, y hasta allí también llegará María Elena Cisneros, una joven concertista que se había deslumbrado con "el Brujo" años atrás y que sus fieles guardianes llevaron a Ginebra para hacerle más sencilla la vida de prófugo. Señala Larraquy:

"Desde el primer día que estuvo junto al ex ministro, su oficio de enfermera, su talento de concertista y su amor de mujer la impulsaron a masajearle los pies castigados por la diabetes, a regalarle sus melodías en el piano, a cubrirlo de afecto y de besos a cada momento. María Elena adoraba su luz interior y buscaba la verdad en sus enseñanzas espirituales: era la mujer que López necesitaba".

Pero si la Cisneros era una buena novedad para la vida de López Rega, también experimentaría otras de signo contrario: su hija Norma caería bajo la atenta mirada del Proceso militar, tanto por sus relaciones con la estructura de la Triple A como por oscuros negocios que involucraban a su padre. Detenida primero en un buque-cárcel y luego en la cárcel de Villa Devoto, culminó finalmente en la de Ezeiza. La mujer bien podía considerarse una suerte de rehén de la dictadura, obligando de alguna manera a su padre a mantener un cauteloso silencio sobre las relación entre la represión clandestina del gobierno militar y la Triple A.

La fuga de López Rega se extenderá por poco más de una década, en la que el otrora poderoso "Brujo" vivirá de los varios millones de dólares que había acumulado. También utilizará otras identidades para ocultar la verdadera. Así, por ejemplo, será el brasileño Alejandro Amaya y, más tarde, Ramón Ignacio Cisneros. Por su parte, también María Elena se hará pasar por su sobrina e incluso por su hija, una forma que la pareja hallará para esconder una relación amorosa en la que resultaba demasiado significativa la gran diferencia de edad.

Aunque López Rega se hallaba completamente comprometido en causas de enorme trascendencia y ya era corriente la denuncia contra él como responsable directo de la Triple A, merced a las declaraciones de algunos ex integrantes de la banda, como el ya citado Paino, el proceso legal contra él y esa organización no prosperará, al grado que en el curso de los primeros tres años de la nueva dictadura militar no habría ni un encausado.

En verdad no resulta extraño semejante estancamiento: el marco político que brindaba la dictadura no era, precisamente, el más apto para que fueran a circular denuncias contra una organización acusada de amenazar, torturar y asesinar a los mismos "enemigos" del nuevo orden.

Por otra parte, a los militares no les caía nada bien que una investigación y un procesamiento de este tipo filtraran o pudieran filtrar informaciones que vincularan a la Triple A con las patotas conducidas por las propias Fuerzas Armadas. En esas circunstancias, lo adecuado parecía ser el silencio y la impunidad. Menos comprometedor para los militares habría de ser continuar con los procesos judiciales de origen económico, aunque los progresos allí tampoco serían estruendosos. Incluso habría cierta "apertura" del Proceso para con los implicados: Norma saldría de prisión en 1980 e Isabel sería liberada, de manera condicional, un año más tarde.

Para esa misma época, otro de los implicados que se mantenía prófugo, el "gordo" Vanni, enfermo y sin medios económicos, vendió el dato de que su antiguo jefe residía en Ginebra. Una pesquisa periodística fue a dar con María Elena Cisneros en la capital suiza, aunque el escurridizo López Rega supo esquivar una vez más a los sabuesos. De todos modos, Ginebra ya no era confiable para él.

Pasaron varios años sin que se tuvieran precisiones sobre la suerte y el paradero de López Rega, lo que de alguna manera demuestra la enorme cadena de silencios y favores que el prófugo debió reclamar y comprar para mantenerse libre. También parecen evidentes las complicidades políticas y las conveniencias de mantenerlo fuera de los estrados.

No obstante, todo cambiará en febrero de 1986. Para ese entonces, María Elena se presentó en el consulado argentino en Miami para renovar el pasaporte de López Rega, ante un atónito funcionario que aceptó, al menos en un primer instante, la afirmación de la mujer acerca de la prescripción de todas las causas existentes contra él. De todos modos, eso no fue suficiente, y desde ese mismo momento la situación del "Brujo" quedó sellada.

El 13 de marzo de 1986, López Rega fue detenido en los Estados Unidos, cuando contaba con sesenta y nueve años. Cuatro meses más tarde, acusado de homicidio agravado en seis casos y de malversación de fondos y caudales públicos en otras tantas ocasiones. El 3 de julio de 1986 se anunció su extradición a la Argentina y tan sólo un día después la misma se hizo efectiva. Se acababa así un periplo de once años en la clandestinidad. Su nuevo hogar, ahora, pasaría a constituirlo la Unidad Carcelaria 22. Este destino iba a depararle el contacto con viejos amigos. De hecho, el viejo policía compartirá la cárcel con otro ex poderoso de antaño, el general Guillermo Suárez Mason, alias "Pajarito", jefe del Primer Cuerpo de Ejército durante la dictadura militar, y con el ex agente de inteligencia Raúl Guglielminetti, de frondoso prontuario como secuestrador, torturador y asesino.

Comenzaría también la etapa sumarial por la causa de la *Triple A*, etapa que en su acumulación de denuncias y testimonios se extendería por casi los dos años siguientes.

Mientras tanto, la salud de López Rega iba a complicarse tanto como su situación procesal.

En mayo de 1988 será internado en el Hospital de Clínicas y en junio del año siguiente en una clínica privada. La diabetes no le daba tregua.

El 9 de junio de 1989, casi a las 8 de la mañana, López Rega abandonó este mundo sin haber escuchado más que acusaciones, pero ninguna sentencia. La muerte lo alcanzó antes que la justicia. Poco después, sus cenizas esparcidas en el mar coronaban su deseo para después de muerto.

Tras la desaparición del mentor de la Triple A, la causa judicial seguiría con errática suerte hasta el año 2006, cuando, a partir de nuevos testimonios, se dispuso la reapertura de la misma y la trascendental declaración de que los crímenes de esa organización serían considerados de "lesa humanidad".

Epílogo

El rasgo distintivo de la política argentina contemporánea sin duda ha sido el de las recurrentes crisis que la atravesaron una y otra vez con singular persistencia. Han sido escasos y de corta duración los periodos de estabilidad, por lo general jaqueados casi de inmediato por nuevos conflictos. Éstos vertebraron una sociedad siempre enfrentada a encrucijadas políticas, sociales, económicas y culturales que alteraron el rumbo elegido en cada etapa.

La violencia política, en sus más diversas expresiones, resultó en ese marco una constante, que conoció numerosos actores e inspiradores, ya sea salidos del seno del propio Estado o de los más heterogéneos sectores de la sociedad civil.

Incluso podría afirmarse, sin riesgo alguno de error, que la violencia política acompañó –y probablemente lo siga haciendo– el devenir histórico del país desde su mismo alumbramiento como nación.

Desde este punto de vista, los acontecimientos relatados no constituyen sino una de sus más notables expresiones: de ningún modo inauguración de un ciclo que conoce, lamentable y dramáticamente, una variedad de antecedentes que establecen, en su conjunto, una presencia endémica en la sociedad argentina.

El subtítulo de esta obra, entonces, no presupone dotar a la violencia de la Triple A de un carácter inaugural en el horizonte del país, sino que tiende a marcar su papel de antecedente y fuente de alimentación, en "mano de obra" incluso, del gran aquelarre de muerte que fue el Proceso militar.

Un particular emergente

El surgimiento, apogeo y ocaso de una personalidad tan marcadamente bizarra como la de José López Rega sólo puede entenderse en un escenario político, social y cultural que, azares mediante, podía darle cabida e incluso prodigarle una próspera carrera. Por otra parte, la violencia paraestatal que desencadenó con su máxima y nefasta obra, la Triple A, tampoco puede ser entendida si se la desgaja de una historia nacional que conoció sucesivas intervenciones militares y una variada gama de organizaciones paramilitares y parapoliciales que acompañaron festivamente a aquéllas.

Así las cosas, no resulta extraño que la carrera del trepador y servicial ex agente culminara con una no menos veloz caída en el vacío, para su posterior reemplazo por una versión organizada por las Fuerzas Armadas, las que establecerán un terror propio, programado, sistemático, que nada tendrá que envidiarle al delirante y no menos peligroso de aquél.

Las fuerzas más íntimas del entretejido político argentino que le dieron cabida al "Brujo", también apuntaron en el momento adecuado a su defenestración.

Soberbio y a la vez obsecuente, audaz, mentiroso y corrupto como el que más, López Rega se nutrió de las peores tradiciones arraigadas en la política y la dirigencia local, que aunque sea a regañadientes supo prohijarlo en tanto le sirvió, o por lo menos en cuanto no entorpeció sus variadas y propias ambiciones. De igual manera, toda una pléyade de personajes arribistas, más identificados con la peor ralea criminal que con ideología alguna, logró trepar por las ramas políticas, económicas y de los medios de difusión, sin que parte de la sociedad y el grueso de la plana política, siempre tan declamadamente democrática y respetuosa de la Constitución, interviniera con decisión para poner freno definitivo a uno de los más oscuros periodos conocidos en el país.

Más allá de los delirios ocultistas del ex policía y de su servilismo hacia la figura del general Perón, López Rega supo interpretar y utilizar las luchas intestinas del movimiento justicialista, y de no pocos aliados suyos, para hegemonizar bajo su tutela el conjunto del poder con una indiscutida identidad de derechas.

Su decidida lucha a muerte contra cualquier vestigio de oposición a la derecha peronista y al gobierno del que fue parte permitió un avance de los diferentes sectores reaccionarios y conservadores, que terminaron por establecer una base sólida para la aparición de una nueva dictadura militar, que si bien no ahorrará tormentos, desapariciones y asesinatos en su accionar, lo hará sobre un escenario parcialmente demarcado y arrasado por la tenebrosa Triple A. Valga en detrimento de ésta el haber surgido en el seno de un gobierno democrático.

Modelando un enemigo

Resulta notoria la continuidad que la dictadura militar establecida en 1976 mantuvo en su combate contra aquellos mismos sectores que el propio López Rega y la Triple A desencadenaron de modo pionero.

En este sentido, no puede dejar de subrayarse, por ejemplo, el accionar de las bandas de la *Triple A* en el conflicto social en Villa Constitución, donde también quedaría plasmada la colaboración con los asesinos de López Rega de importantes sectores de la industria local, quienes prestaron sus propios establecimientos fabriles para llevar a tortura a decenas de dirigentes y activistas obreros. Apenas un año más tarde, esta misma colaboración se volvería a dar, aunque los sujetos actuantes fueran entonces ahora los esbirros del Proceso de Reorganización Nacional de Videla y compañía.

Lo que se dio en el plano de la persecución y eliminación física de obreros, se dio también en el ámbito del estudiantado, los artistas, los intelectuales, los hombres de prensa, los trabajadores sociales e, incluso, de aquellos cuyo único "pecado" fuera tener alguna relación, por remota que fuera, con los que consideraban implicados en actividades "apátridas", "traidoras" o "sinárquicas", en el caso de la particular fraseología de los matones de López Rega; "subversivas" o "reñidas con el ser nacional", en el caso de los uniformados. Tampoco deja de ser llamativo hasta dónde los miembros de la Triple A se incorporarán luego a los grupos de tareas militares, certificando una identificación de objetivos y métodos notable. Por supuesto, el gobierno militar no tenía absolutamente la misma identidad que la del ex secretario y ministro de Perón, pero no caben dudas de que las acciones del ex cabo resultaron funcionales a los planes de quienes se iban a alzar con el poder en los siguientes siete años. "Infiltrados en el movimiento" o "agentes de ideologías foráneas" sufrirían las incursiones de muchos de los mismos personajes.

El carácter de breviario del presente libro nos impide ahondar más en temas que serán más y mejor conocidos merced a la bibliografía que de inmediato consignamos.

Hemos mencionado a parte de la sociedad civil (con prensa y empresariado incluidos) y a la clase política como carentes de una respuesta efectiva a tales desmanes. Punto esencial en toda esta trama será el accionar de la Justicia, que todavía, treinta años más tarde, no ha logrado establecer un dictamen ejemplar contra los mentores ideológicos y los ejecutores operativos de cientos y cientos de crímenes perpetrados por la Triple A, aunque las denuncias y evidencias han resultado agobiantes. Muchos de los implicados están en libertad y otros han sido apresados, pero otros tantos murieron sin haber recibido el merecido estigma de una condena.

Lo que antes era una red de silencio y velado apoyo, parece haberse reconvertido en una inoperancia que obstruye el establecimiento de la impostergable condena judicial. Toda apelación a la memoria, todo acto de divulgación de lo sucedido (esperamos que aun estas breves líneas) contribuirá a que los órganos de la democracia se vean obligados a dar una respuesta que ya lleva aguardando mucho, demasiado, tiempo.

Apéndice fotográfico

LAS "FORMACIONES ESPECIALES"

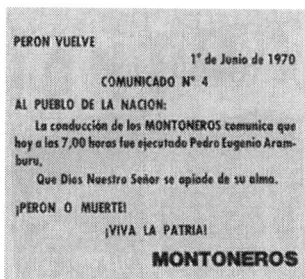

PERON VUELVE

1° de Junio de 1970

COMUNICADO N° 4

AL PUEBLO DE LA NACION:

La conducción de los MONTONEROS comunica que hoy a las 7,00 horas fue ejecutado Pedro Eugenio Aramburu.

Que Dios Nuestro Señor se apiade de su alma.

¡PERON O MUERTE!

¡VIVA LA PATRIA!

MONTONEROS

1970. Velorio de Pedro Eugenio Aramburu, muerto por Montoneros. Ante los restos, el general Lanusse, presidente *de facto*, y el hijo del militar muerto. A la derecha, el comunicado oficial sobre la ejecución.

1973. Roberto Quieto y Mario Firmenich firman el acuerdo de fusión de FAR y Montoneros.

Escudo oficial del grupo guerrillero.

"Las Formaciones Especiales deben tener características especiales y originales, como especiales y originales son las funciones que deben cumplir. Ellas actúan tanto dentro de nuestro dispositivo, como autodefensa, como fuera de él, en la lucha directa de todos los días dentro de las formas impuestas por la guerra revolucionaria."

Juan Domingo Perón, mayo de 1971

LA "JUVENTUD MARAVILLOSA"

Arriba, izquierda: En campaña (1973). *Sentados*: Cámpora y Abal Medina, secretario general del Partido Justicialista, a los 27 años. *De pie*: Miguel Bonasso, jefe de Prensa del FREJULI, a los 32.
Arriba, derecha: Rodolfo Galimberti, o "Galimba". A los 26 años polemizó con Perón tras propiciar la formación de milicias obreras. Fue uno de los jefes de la Columna Norte de Montoneros.
Abajo: Una dupla triunfadora: la juventud y el "Tío" Cámpora (1973).

"Ése es el trasvasamiento generacional del que nosotros hablamos. Yo siempre les digo que le metan nomás. Porque peor que nosotros, los viejos, no lo van a hacer. Vean el mundo que les dejamos: por macanas que hagan, peor de lo que nosotros hemos hecho, no lo van a hacer."

Juan Domingo Perón, junio de 1971

LA RUPTURA

Arriba: El 25 de enero de 1974, Perón se reúne con los diputados montoneros y los increpa con dureza. A sus costados, López Rega y Lastiri.
Abajo: El 1° de mayo de ese año, la izquierda es repudiada por el líder y abandona la plaza en medio de disturbios.

"...estos infiltrados que trabajan de adentro, y que traidoramente son más peligrosos que los que trabajan desde afuera, sin contar que la mayoría de ellos son mercenarios al servicio del dinero extranjero..."

"Quien esté en otra tendencia diferente a la peronista lo que debe hacer es irse. [...] El que no esté de acuerdo, se va. Nosotros, por perder un voto, no nos vamos a poner tristes."

Juan Domingo Perón, enero y mayo de 1974

EL LÍDER PARTE

Diario *La Razón*, 2-7-74.

El 1º de julio de 1974 moría el político más influyente de la historia argentina. Quedaba la huella de un ser tan extraordinario como inasible. Su palabra había unido y dividido por igual. Sus sucesores en el gobierno serían nefastos.

Fernando Pascullo. Revista *7 días*.

"...Deseo que Dios derrame sobre ustedes todas las venturas y la felicidad que merecen... Yo llevo en mis oídos la más maravillosa música que, para mí, es la palabra del pueblo argentino."

Juan Domingo Perón, último discurso, 12 de junio de 1974

LÓPEZ REGA: UN HOMBRE DE CARRERA

Como cantor de tangos y
boleros.

Con uniforme de cabo,
junto a su padre.

Vestido de gala, ya como ministro de Bienestar Social.

"...Y es por ello que YO hoy mirando al MUNDO desde una dimensión espiritual, siento vergüenza y dolor al comprobar cómo se ha fal-
seado y comercializado con los valores de las ALMAS."

José López Rega, *Astrología esotérica*, 1962

LA ERA DEL "BRUJO"

Archivo Diario *La Nación*.

López Rega ya es un hombre influyente y se rodea de gente afín a sus ideas. Aquí, a su derecha, el coronel Jorge Osinde. Desde el palco oficial, fue uno de los máximos responsables de la masacre de Ezeiza en junio de 1973.

Archivo Diario *La Nación*.

Repatriación de los restos de Evita. Custodiando el féretro, de barba, el policía exonerado Rodolfo Eduardo Almirón, activo integrante de la Triple A. Huyó a España, fue extraditado y murió en 2009 en la Argentina, mientras estaba procesado por varios de sus crímenes.

"El instinto que genera la violencia es de procedencia animal y bestial."

José López Rega, *El Sabio Hindú*, 1977

ALGUNOS ROSTROS DEL CRIMEN

Raúl Guglielminetti. Vinculado con la Triple A, fue luego activo represor durante el Proceso militar.

Salvador Horacio Paino. Escribió un libro en el que se jactaba de haber sido uno de los fundadores de la organización.

Juan Ramón Morales (junto a Isabel Perón). Expulsado de la policía, fue custodio y colaborador de López Rega. Murió detenido, pero sin condena, en 2007.

Aníbal Gordon. Policía corrupto que integró la Triple A, trabajó luego para la dictadura militar y fue agente de inteligencia. Murió en la cárcel en 1987.

"La orden de formar la Triple A fue dada por José López Rega en diciembre de 1973, quien sugirió el nombre de Alianza Antiimperialista Argentina."

Salvador H. Paino

ALGUNAS VÍCTIMAS

Padre Carlos Mugica, vinculado al Movimiento de Sacerdotes para el Tercer Mundo. Fue asesinado en mayo de 1974 según el método de la Triple A, que culpó a la izquierda.

Recorte de la revista *Militancia*, órgano de la izquierda peronista, donde se señala al sacerdote como traidor, ya que se oponía a la persistencia de la lucha armada.

Silvio Frondizi. Abogado e intelectual marxista, fue asesinado por la Triple A en septiembre de 1974.

Rodolfo Ortega Peña. Diputado, abogado y ensayista, ultimado en pleno centro de Buenos Aires en julio de 1974.

"Desde que usted salió, se supone, a enseñarle el cristianismo a los bolches, ¿los bolches se han hecho más cristianos o usted se ha hecho más bolche?"

Revista *El Caudillo*, aludiendo al padre Mugica

BIBLIOGRAFÍA

- Andersen, Martin Edwin: *Dossier secreto. El mito de la "guerra sucia" en la Argentina*, Buenos Aires, Sudamericana, 2000.
- Bonasso, Miguel: *El presidente que no fue. Los archivos ocultos del peronismo.* Buenos Aires, Planeta, 1997.
- Celesia, Felipe y Waisberg, Pablo: *La ley y las armas, biografía de Rodolfo Ortega Peña*, Buenos Aires, Aguilar, 2008.
- Cernadas Lamadrid, J. C. y Halac, Ricardo: *López Rega*, Buenos Aires, Perfil, 1986.
- Del Frade, Carlos, *El Litoral, 30 años después. Sangre, dinero y dignidad*, Rosario, Amalevi, 2006.
- Feinmann, José Pablo: *López Rega, la cara oscura de Perón*, Buenos Aires, Legasa, 1987.
- Gasparini, Juan: *La fuga del Brujo. Historia criminal de José López Rega*, Buenos Aires, Norma, 2005.
- Godio, Julio: "Perón y los montoneros", mimeo, Universidad del Zulia, Facultad de Ciencias Económicas y Sociales, Venezuela, 1977.
- González Janzen, Ignacio: *La Triple A*, Buenos Aires, Contrapunto, 1986.
- Gurrucharri, E: *Alberte, un militar entre obreros y guerrilleros*, Buenos Aires, Colihue, 2001.
- Kandel, Pablo y Monteverde, Mario: *Entorno y caída*, Buenos Aires, Planeta, 1976.
- Lapolla Alberto: *Kronos, Una historia de los años setenta.* Tomo I, *El cielo por asalto: 1966-1972*; Tomo II, *La esperanza rota: 1972-1974*; Tomo III: *La derrota, 1974-1976*, La Plata, De La Campana, 2005.
- Larraquy, Marcelo: *López Rega, el peronismo y la Triple A*, Buenos Aires, Punto de Lectura, 2004.
- Martínez, Tomás Eloy: *Las memorias del General*, Buenos Aires, Planeta, 1996.

- Page, Joseph: *Perón, una biografía*, Buenos Aires, Grijalbo, 1999.

- Pinetta, Santiago: "López Rega, el final de un brujo", revista *7 Días*, Buenos Aires, Editorial Abril, 1986.

- Ragendorfer, Ricardo: *La secta del gatillo*, Buenos Aires, Planeta, 2002.

-Reato, Ceferino: *Operación Traviata. ¿Quién mató a Rucci? La verdadera historia*, Buenos Aires, Sudamericana, 2008.

- Terragno, Rodolfo: *Los 400 días de Perón*, Buenos Aires, De la Flor, 1974.

- Verbitsky, Horacio: *Ezeiza*, Buenos Aires, Planeta, 1985.

Índice

Printed in Great Britain
by Amazon